AGRO E INDUSTRIA EN LA ARGENTINA

UN FUTURO COMÚN

Bases para una estrategia de desarrollo nacional

Jorge Castro

Castro, Jorge
Agro e industria en la Argentina: un futuro común : bases para una estrategia de
desarrollo nacional. - 1a ed. - Buenos Aires: Pluma Digital Ediciones, 2014.
240 p. ; 225x155 cm.

ISBN 978-987-3645-09-9

1. Agroindustria. 2. Economía Agraria.
CDD 338.1

Fecha de catalogación: 28/07/2014

Coordinación editorial: Osvaldo Pacheco
carlososvaldopacheco@hotmail.com

Diseño de tapa e interior: www.editopia.com.ar

ISBN 978-987-3645-09-9

9 789873 645099

La fotografía de tapa y de los capítulos 2, 3, 4, 5, 8, 10 y 11 del libro *Ver la Tierra*
de Diego Goldberg-Los Grobo, gentileza de Gustavo Grobocopatel, fotógrafo Diego Goldberg.

Índice

Agradecimientos

Agradezco en primer lugar la disposición y capacidad de ejecución de Osvaldo Pacheco, editor de "La Pluma Digital", que ha confiado en mí y me ha alentado para la publicación de este libro, como antes lo hizo con "El Desarrollismo del Siglo XXI"

Quiero subrayar también mi reconocimiento a Carlos Abalo, prologuista de esta obra y con el que he discutido extensamente su contenido y significado como antes lo hice con "El Desarrollismo del Siglo XXI"

Abalo, al que conozco hace mucho tiempo, es uno de los principales pensadores y analistas del país, y estimo, con total objetividad, que ha sido un verdadero maestro para mí.

Este, libro en sus temas principales y línea de desarrollo, surgió de un seminario realizado este año por el Banco Ciudad con el título de "**La Industria, el Agro y el Desarrollo Argentino**" y en todo su desarrollo he contado con el respaldo y los comentarios enriquecedores de Rogelio Frigerio, Javier Ortiz Batalla y Mario Morando,

Agradezco a mis amigos Gustavo Grobocopatel, Héctor Huergo, y Marcelo Elizondo, destacadas personalidades de la producción y de la cultura argentina, su generosidad para leer el texto final de este trabajo y acompañar sus consideraciones al mismo.

Esta obra no se habría podido realizar sin la asistencia y colaboración constante de Ignacio López y Federico Frascheri, jóvenes graduados de la Universidad Católica Argentina y destacados investigadores.

Tampoco, como en toda mi tarea, esta publicación tendría lugar sin la asistencia de Gabriela Rivero.

Prólogo

Es un gran desafío para mí prologar este libro de Jorge Castro, que considero de importancia fundamental para entender la cuestión básica que enfrenta la Argentina, sea cual fuere el enfoque político con el que se lo examine, que consiste en profundizar su inserción internacional, reduciendo su brecha de productividad con las economías más avanzadas para estar en condiciones de combatir su inflación endémica sin renunciar a la industrialización.

En su nuevo libro -*Agro e Industria en la Argentina: un futuro común. Bases para una estrategia de desarrollo nacional*- siguiendo la misma línea orientadora del que publicara en 2013 −*El desarrollismo del siglo XXI*- y de sus artículos periodísticos, Castro afirma que, hasta la crisis de 2008, el capitalismo completó el despliegue de las dos primeras revoluciones industriales: China se convirtió en la mayor potencia manufacturera del mundo y amplió de una manera excepcional al mercado mundial posibilitando una integración más profunda de los países en desarrollo y emergentes. De estos países, sólo China y los cuatro tigres asiáticos lograron cerrar la brecha con el mundo industrializado aumentando sus ingresos per cápita y sus productividades. La reducción de la brecha de desarrollo se consiguió a través de una concepción estratégica del Estado encaminada hacia la integración que concentró la inversión de los recursos en los sectores más productivos, aplicando tecnologías de avanzada que dieron lugar a nuevas industrias competitivas. La aparición de estas nuevas industrias diferencia el crecimiento del desarrollo, porque este último supone la convergencia con las pautas mundiales de productividad.

En la Argentina, la acumulación de capital se centró tradicionalmente en la actividad agropecuaria y el reciclaje financiero de una parte de la renta agraria. La crisis de los años treinta obligó a acrecentar la producción industrial sustituyendo importaciones. El Estado peronista intensificó la industria sustitutiva a costa de un mayor aislamiento de la economía mundial. Después se siguió profundizando este tipo de industrialización con avances y retrocesos alrededor de la apertura de la economía, pero de hecho se generó una dualidad en la acumulación nacional de capital porque la actividad del agro y de la industria se ajustaba a pautas de funcionamiento diferentes que inclinaban hacia uno u otro lado la política cambiaria y la magnitud del gasto público en respaldo del mercado interno, dando origen a una rivalidad que atraviesa toda la política y la economía del país. En 1973 el peronismo volvió a acentuar el sesgo sustitutivo y desde el golpe de 1976 hasta el 2001 se restablecieron las ventajas comparativas del agro, se acotó la sustitución de importaciones y se facilitó el reciclaje financiero de la renta agraria y de los excedentes, pero esta política se apoyó en el ajuste monetario y la imposición de un dólar fijo para contener la inflación y la devaluación continuada, cuando uno y otra son una consecuencia del retraso en la productividad y sólo se podrían solucionar con una transformación productiva que industrialice al país integrándolo plenamente a la economía mundial. En 2003 se restableció la sustitución de importaciones como eje del crecimiento, apoyada en la fase mundial expansiva centrada en China, pero las limitaciones de la industria sustitutiva reaparecieron con la crisis mundial de 2008, el menor crecimiento posterior y el surgimiento de una nueva revolución industrial en el centro del sistema que va a limitar sustancialmente a la industria sustitutiva.

La brecha de productividad se refleja también en la menor capacidad de compra de la moneda nacional con respecto a las monedas fuertes, como sucede en la mayor parte de los países en desarrollo, pero la peculiaridad de la Argentina es la inestabilidad permanente del tipo de cambio, que induce a un aumento más que proporcional de los precios, porque éstos, después de una devaluación, ya anticipan el próximo ajuste cambiario, reproducen la secuencia en forma permanente y establecen al mismo tiempo una carrera similar con los salarios, de modo que tampoco se llega a una relación relativamente estable entre precios y salarios. La brecha de productividad tiene también otra poderosa fuente de alimentación en el mayor crecimiento de las importaciones con respecto a las exportaciones y en apelar a la emisión cuando caen las reservas de divisas para sostener el consumo y la producción, que se convierten en dos mecanismos aceleradores de la depreciación de la moneda y de la inflación. No son piezas aisladas sino una forma peculiar de acumulación de capital.

El libro de Jorge Castro da cuenta de la extraordinaria oportunidad que significa para la Argentina la creciente demanda de alimentos, la transformación de China en una gran potencia industrial y el despliegue de las manufacturas globales. El agro, convertido en una industria, está frente a una ocasión histórica para expandir su producción y la de la industria agroalimentaria y trascenderla gracias a la biotecnología y, en combinación con la industria manufacturera exportadora -que ya cubre casi un tercio de las ventas externas- y la reserva de shale gas y petróleo de Vaca Muerta atraer una gran inversión y aportar recursos para encarar una reconversión productiva, especialmente de la industria sustitutiva, y conseguir que el crecimiento conjunto, del agro y la industria integrados a la economía mundial, se transforme en desarrollo, logre un incremento permanente de la productividad y del ingreso per cápita y una reducción de la inflación.

Tal como lo sintetiza el mensaje de este libro, se trata de concentrar los recursos en los sectores de más alta productividad que reúnan las mayores ventajas comparativas para aplicar en ellos tecnologías de avanzada que den lugar a nuevas industrias competitivas. Estas podrían ayudar a la industria sustitutiva a alcanzar pautas de productividad más cercanas a las manufacturas mundiales, terminando con la histórica rivalidad entre la especialización primaria y una industria limitativa de las posibilidades agrarias, unificando paulatinamente un proceso de acumulación con dos ejes contrapuestos: las ventajas comparativas de un agro ubicado en la primera fila de la productividad mundial y una amplia industria sustitutiva que favorece la demanda y el crecimiento pero que no puede superar la brecha del desarrollo. Por todos estos motivos este libro resulta imprescindible para la discusión de una de las cuestiones más relevantes del momento actual.

Carlos Ábalo

Introducción

El núcleo de los acontecimientos mundiales en los últimos diez años es **el traslado del eje de la acumulación global de los países avanzados a los emergentes**. Esta transferencia en lo esencial se ha completado, a partir del momento en que China, tras haberse convertido en la primera potencia manufacturera y comercial del mundo, **ha comenzado a crecer sobre la base del consumo doméstico** y no a través del auge extraordinario de sus exportaciones, como hizo en los 30 años previos.

Significa que **el capitalismo ha concluido, a partir de la crisis global 2008-2009, el mayor giro estratégico de su historia**, desde la Revolución Industrial desatada en Gran Bretaña en 1780. Pero el futuro no ha esperado, y se ha volcado súbitamente sobre el presente. Esta **es la época de la instantaneidad, no la del dominio del tiempo o el control del espacio.**

El capitalismo es sinónimo de revolución industrial y ha culminado su extraordinario despliegue iniciado en 1780 al convertirse

China en la mayor potencia industrial del mundo. En el camino, la revolución industrial ha infligido un daño irreversible a la naturaleza al convertirla en un insumo del proceso manufacturero. El resultado ha sido el calentamiento de la atmósfera (cambio climático), que ha llegado desde el futuro para insertarse en el presente.

La raíz del cambio climático es el daño infligido a la naturaleza por la economía industrial, sobre todo a partir del surgimiento del motor de combustión interna, potenciado – sin prácticamente costo económico hasta 1973 (primer shock petrolero) – por el uso masivo de combustibles fósiles.

Por eso ha emergido en los países avanzados (EE.UU./Alemania/Reino Unido) una nueva revolución industrial, cuyo segmento de vanguardia es la bioeconomía. La consecuencia es que el eje de la acumulación global, tras haber arribado recientemente a los países emergentes, **retorna ahora al mundo avanzado y establece una nueva división internacional del trabajo**, en la que las reglas de juego–productividad/competencia/innovación– las fijan los países que fueron la cuna del capitalismo industrial, no sus herederos periféricos.

En el nuevo sistema, la manufactura está completamente digitalizada y el factor crucial de acumulación no es ni el capital ni el trabajo, **sino la "inteligencia colectiva"**[1], que es la síntesis de todos los conocimientos de la humanidad multiplicada por el incesante aumento de los protagonistas.

Esta situación presenta **un desafío existencial para los países emergentes dotados de una amplia estructura industrial**, que poseen un rico acerbo de cultura y habilidades manufactureras, como la Argentina y Brasil, que importa rescatar y afirmar como la base de una nueva etapa de desarrollo.

---

[1] Marx, Karl, *Elementos fundamentales para la Crítica de la economía política* (Grundrisse), 1857-1858, México, Fondo de Cultura Económica, 2001

Hay que advertir que es imposible desarrollar las manufacturas brasileña y argentina sobre la base de extrapolar lo realizado en los últimos diez años. **No es cuestión de grado, sino de naturaleza.** En la etapa de sustitución de importaciones (ISI), el desacople entre producción nacional y extranjera no era obstáculo para la expansión de la industria. La nueva revolución industrial impide hoy mantener esa disparidad estructural.

La aceptación de las nuevas reglas de competitividad surgidas de la nueva revolución industrial que ha emergido en el mundo avanzado se transforma en requisito de sobrevivencia para el desarrollo de las industrias de Brasil y la Argentina.

La industria argentina, que es la tercera en orden de importancia en América Latina y que posee más de 120 años de historia, se caracteriza por su condición **desarticulada y heterogénea, con bolsones de productividad hondamente diferenciados y aislados entre sí.** En ella ha surgido un sector exportador altamente competitivo de capital nacional y extranjero, que es responsable de 30% de las ventas externas; y en este núcleo de avanzada, **tres grandes firmas de capital nacional se han convertido en protagonistas de primera línea de la economía mundial, ocupando un papel de vanguardia en innovación y productividad en sus respectivas áreas.**

Es fundamental reconocer la importancia para una estrategia de desarrollo industrial de la Argentina en los próximos 10/20 años de la plena explotación de Vaca Muerta en Neuquén. La experiencia norteamericana de los últimos 10 años muestra que la verdadera explosión energética producida por el "shale gas" y "shaleoil" es el punto que ha permitido revertir la desindustrialización que caracterizó a la economía de EE.UU. en los 30 años previos.

La caída de los precios energéticos debido a la explotación del "shale gas" y "shaleoil" ha sido el punto de inflexión que ha permitido resurgir a la industria norteamericana y se transformó en el elemento que ha permitido impulsar el surgimiento de la nueva revolución industrial. La plena explotación de Vaca Muerta (Neuquén) no solo tiene un significado fundamental para la economía del país en general, ya que equivale a 21 veces el producto bruto argentino, sino que además se puede convertir en el punto de partida para impulsar una estrategia de crecimiento industrial argentina en los próximos 10/20 años.

Lo esencial de la industria argentina es la aparición de un nuevo componente constituido por el nuevo agro completamente desruralizado y profundamente industrializado, cuyo nivel de productividad está entre los dos primeros del mundo (el otro es el de EE.UU.).

Este Nuevo agro muestra los siguientes rasgos: ante todo, su **desruralización**, que significa que se han separado los propietarios de las tierras de los contratistas proveedores de servicios, incluyendo el sistema productivo, y que se ha creado un ordenamiento intensamente contractual, ajeno a la propiedad estrictamente rural. El Nuevo agro se ha **desterritorializado**, porque la mayor parte de sus actividades, incluyendo las de mayor nivel de productividad, se desarrollan fuera del espacio territorial originario. El Nuevo agro, por último, al organizarse en red, ha incorporado a la producción insumos altamente sofisticados, provenientes de la actividad industrial y de los servicios más avanzados, lo que implica que no sólo se ha **industrializado**, sino que lo ha hecho con una creciente complejidad tecnológica.

El nuevo agro argentino asume en plenitud este papel estratégico central para el desarrollo de la Argentina porque posee el stock de conocimiento e innovación más avanzado del país, así como una especial aptitud para el eslabonamiento y la inducción de cambios en los otros sectores productivos.

Lo que ha sucedido en la economía argentina en los últimos 20 años es lo siguiente: a través del Nuevo Agro, el país se ha especializado en la más alta tecnología de la producción agroalimentaria, y esto ha ocurrido en el momento en que el capitalismo avanzado se despliega en la bioeconomía en su segmento de vanguardia; y cuando la producción agroalimentaria experimenta la necesidad de crecer 70% en los próximos 40 años para enfrentar la duplicación de la demanda mundial de alimentos, según lo establecido por FAO/OCDE.

Por eso la producción argentina, tanto agrícola como industrial, puede experimentar en esta década una súbita y extraordinaria expansión, superior incluso a la de 1870-1913, cuando fue la primera del mundo, por encima de EE.UU.

La Argentina, en la segunda década del siglo XXI, es uno de los países más conectados con el "**denso núcleo central**" de la época, en los términos de la OCDE, que es el cruce de lo agroalimentario con la demanda asiática. De ahí sus posibilidades excepcionales de expansión, en la medida en que su inserción en esta tendencia global se guíe por una **visión estratégica**, que es la propia de un Estado enérgico y decidido en términos políticos, capaz de tomar iniciativas y de incentivar el desarrollo industrial y agrario, en una sola y unificada estrategia de desarrollo nacional.

La productividad de un país en el capitalismo globalizado reside en la diversidad de sus capacidades no transables, las que tiene en el mercado interno, inmediatamente disponibles en esta etapa histórica; y las diferencias entre sus diversos niveles de ingresos son la expresión de las distintas dimensiones de su complejidad económica.

Por eso el nivel de complejidad de su economía es el que fija el tipo de productos que es capaz de desarrollar. Esto significa que los nuevos productos (surgidos de los "espacios de producción" de que dispone, en los términos de Ricardo Hausman) que puede desarrollar, se encuentran implícitos, como condiciones de desarrollos posibles, en las capacidades de producción ya existentes y que son el resultado de una larga historia de producción y acumulación de capacidades y conocimientos, que en el caso de la industria argentina tiene ya más de 120 años.

El desarrollo económico es un proceso de aprendizaje social, que se realiza al acumular conocimientos productivos y desarrollar la capacidad de hacer una mayor variedad de productos de creciente complejidad y nivel tecnológico en todos los terrenos, pero en especial en el industrial manufacturero.

La Argentina y Brasil enfrentan **un desafío de 5/10 años de vigencia temporal para reconvertir sus industrias** en los términos de la nueva revolución industrial. Si no lo hacen, emergerán como lo que ya son -**la principal plataforma de producción de proteínas del siglo XXI**-, pero serán ajenos y pasivos frente al nuevo núcleo central de productividad e innovación de la época, colocado ahora nuevamente en los países avanzados; y eso es poco para grandes países industriales como son Brasil y la Argentina.

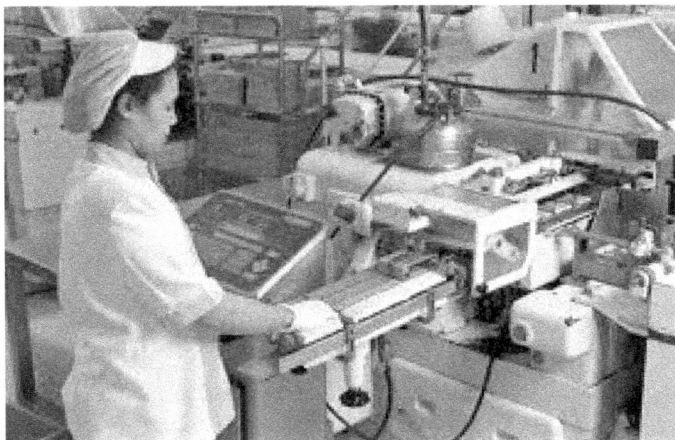

Capítulo 1

Situación mundial en
la segunda década del siglo XXI

1.1. Culmina la globalización y se completa la integración mundial del capitalismo

La tesis básica de Dani Rodrik es que los países en desarrollo han crecido extraordinariamente en las últimas cinco décadas, con una tasa de expansión promedio de 2,1% anual entre 1960 y 2004, lo que significa que han duplicado el ingreso per cápita cada 33 años.[2]

Esto implica un crecimiento mayor al de Gran Bretaña en su apogeo económico (1820/1870), cuando creció 1,3% anual; y también superior al de EE.UU., que se expandió 1,8% por año en las 5 décadas posteriores a la Guerra Civil (1861-1865). Sin embargo —y este es

---

[2] Rodrik, Dani, One Economics, Many Recipes. Globalization, Institutions and Economic Growth. Princeton University Press, New York, 2009

un punto que subraya Rodrik con especial énfasis-, el hecho es que en este mismo período (1960/2004), los países avanzados crecieron 2,5% por año; y que, **salvo en Asia**, "…fueron pocos los países en desarrollo que lograron cerrar la brecha con el mundo avanzado", sobre todo en los dos rubros esenciales de aumento del ingreso per cápita e incremento de la productividad.

Este punto se puede formular de otra manera: el cierre de la brecha entre el mundo en desarrollo y el avanzado, no obstante el crecimiento excepcional del primero, no fue la regla, sino la excepción en esta etapa histórica; y esta "excepción" está encabezada por un país que es una categoría en sí misma: China.

La República Popular experimentó una tasa de crecimiento del ingreso real per cápita de 8% por año a partir de 1978, lo que equivale a duplicarse cada 8 años. Rodrik señala que las estrategias económicas que han resultado efectivas en Asia, "…**tienden a ser específicas según el contexto**". Es decir que todas ellas tienen un sello necesariamente nacional, surgido de circunstancias intransferibles.

Hay un segundo rasgo común, y es que todas disponen de un Estado activo, convertido en protagonista decisivo en la realización de reformas estructurales e institucionales, que posibilitan el desarrollo sostenido y de largo plazo. De ahí que lo que importe no sea establecer si el mundo en desarrollo (o emergente) crece por encima del avanzado, sino si lo hace sobre la base de una diferencia constante en los niveles de productividad, la denominada "brecha de convergencia".

Rodrik advierte que "la convergencia (estructural) puede ser varias cosas, pero no es automática en ningún caso". Las estrategias que resultaron exitosas en Asia "requieren políticas activas que promuevan la diversificación económica (surgimiento de nuevas industrias), e impulsen el cambio estructural desde las actividades de baja productividad (agricultura tradicional/economía informal) hacia las de elevada productividad, usualmente transables".[3]

Esta necesaria transformación "rara vez es el producto no asistido de la fuerza del mercado; y es típicamente el resultado de intervenciones estatales, muchas de ellas no convencionales", y que responden a un contexto específico, en el fondo intransferible.

América del Sur tuvo entre 2003 y 2008 los mejores años de crecimiento del último siglo, pero 75% fue resultado directo de los términos de intercambio, los más elevados de su historia. El caso de la Argentina es paradigmático: "Los sectores que más rápidamente aumentaron la productividad –agrario y manufacturero- son los que experimentaron la mayor pérdida relativa de empleos; y los que tuvieron el mayor crecimiento de la fuerza de trabajo fueron la administración pública y la economía informal, que son las que disponen del menor nivel de productividad". "El desarrollo económico –sostiene Rodrik- consiste en que los recursos (capital y trabajo) se coloquen en los 'sectores convergentes', que son los de más alta productividad y los de mayor aptitud para producir diversificación (nuevas industrias)".

Si esto no ocurre, lo que sucede no es convergencia estructural con el mundo avanzado, sino crecimiento sin desarrollo; y esto es lo que ha sucedido en América del Sur, Brasil y la Argentina en primer lugar, en los primeros diez años del siglo.

Un punto de especial relevancia es advertir que el sector decisivo del proceso de desarrollo económico (convergencia estructural) es la industria manufacturera, por encima del sector agroalimentario, no obstante su hipercompetitividad. Sólo la reconversión de la manufactura puede generar los empleos de alta productividad capaces de ser

---

[3] Rodrik, Dani, "The future of economic convergence", Jackson Hole Symposium of the Federal Reserve Bank of Kansas City, Harvard University, august 2011.

ocupados con mejores salarios por la mano de obra desocupada en los sectores de baja productividad y nula capacidad innovadora, como la burocracia estatal y la informalidad.

Allí, en la manufactura, es donde debe desatarse con especial dinamismo el proceso de "destrucción creadora" de los sectores de baja productividad hacia los de productividad elevada.

Una estrategia de desarrollo económico no se confunde con las políticas macroeconómicas de estabilización, que son la condición pero no la causa de la expansión productiva; y tampoco lo son las instituciones, capaces de canalizar la productividad en forma sostenida, pero no de impulsarla en la fase inicial. El factor esencial de una estrategia de desarrollo económico es un Estado activo, cargado de inteligencia estratégica y de visión de largo plazo.

1.2. La plataforma trasnacional de producción y el papel crucial de la inversión extranjera directa (IED) de las empresas transnacionales (ETN's)

La región Asia-Pacífico es el espacio decisivo del crecimiento global, y representa 60% del PBI mundial y 50% del comercio internacional. A partir de 1991 (caída de la URSS/unificación del sistema), el comercio asiático de bienes se ha incrementado 300%, y la inversión extranjera directa (IED) de las empresas transnacionales en la región ha aumentado 400%.

La relevancia de Asia en el comercio mundial es puesta de manifiesto por su participación en las importaciones globales. Era 18,5% del total mundial en 1983, y ascendió a 30,9% en 2011. China sola, considerada como país individual, importará en los próximos 5 años (2013/2018) bienes por U$S 10 billones, e invertirá en el exterior (IED) U$S 500.000 millones.

Lo esencial de la región Asia-Pacífico, antes que en el comercio internacional, es su participación en las cadenas transnacionales de producción, núcleo estructural de la globalización.

Así, por ejemplo, 64% de las importaciones asiáticas de no combustibles son bienes intermedios (partes y componentes), y el comercio intraindustrial de bienes intermedios entre Asia y Norteamérica (EE.UU., Canadá, México), sobre todo en el sector de avanzada de la industria de alta tecnología, es el primero del mundo, y ascendió a U$S 600.000 millones en 2009.

Los dos países fundamentales de este núcleo estructural de la globalización, constituidos por las cadenas transnacionales de producción, son EE.UU. y China, cuyos actores son las empresas transnacionales (TNC's), de las cuales 42%, incluyendo las situadas en la frontera tecnológica, son norteamericanas.

Lo que significa en términos económicos la prioridad estratégica de EE.UU. por la región Asia-Pacífico, se revela en los siguientes datos: en el 2000, las exportaciones norteamericanas a la región eran 45% del total, y ahora han caído a 28%.

En ese período, las exportaciones chinas a Asia aumentaron de 4% a 14%; y la participación de la República Popular en las importaciones de la región se incrementó de 2% a 11%. Australia es representativa de esta tendencia de fondo. Las importaciones australianas de China han aumentado en los últimos 10 años de U$S 10.000 millones a U$S 50.000 millones; y en 2006, la República Popular reemplazó a EE.UU. como su principal socio comercial, tanto en las exportaciones como en las importaciones.

En este sentido, el TransPacificPartnership (TPP) es una de las dos negociaciones comerciales decisivas de la segunda década del siglo XXI. La otra es el acuerdo de libre comercio entre EE.UU y la Unión Europea (UE), que comenzó a negociarse en julio de 2013, en el que las partes son las dos expresiones principales del mundo capitalista avanzado.

El TPP, antes que un acuerdo de libre comercio, es un pacto de integración. Por eso está centrado en las inversiones. En la fase de la globalización del capitalismo, no es el comercio el que atrae las inversiones, sino lo contrario: las inversiones las que arrastran al comercio.

Hasta ahora, las inversiones de EE.UU. en el exterior han estado centradas en Canadá (52% del total), Australia, México y Singapur, que recibieron en conjunto U$S 70.000 millones de IED de fuente estadounidense en 2011. Lo previsible es que en los primeros 10 años del TPP, más de 50% de la IED estadounidense se dirija hacia los países asiáticos del acuerdo de integración, con Vietnam y Malasia en primer lugar.

Lo esencial es que, a través de las inversiones directas de tipo industrial, el TPP se transforme en una plataforma de producción manufacturera destinada a formar con ASEAN/3 una zona de libre comercio/integración que abarque la totalidad de la región asiática.

El comercio intrasiático es inseparable del papel central de China en la economía mundial Entre 1985 y 2004, la participación del Sudeste Asiático en las exportaciones mundiales se multiplicó por tres (pasó de 9,4% a 30,7%); y 40% de ese incremento correspondió al crecimiento de las exportaciones intrasiáticas.

En términos de valor, las exportaciones intrarregionales pasaron de U$S 44.000 millones en 1985 a U$S 743.000 millones en 2004; y se habrían duplicado en la última década. La participación de las exportaciones intrasiáticas en las ventas externas mundiales se expandió 3 veces entre 1985 y 2004 (pasó de 6,4% a 19,4%).

En 2001, se produjo el punto de inflexión, y China se incorporó a la Organización Mundial de Comercio (OMC). A partir de ese momento, comenzó a aumentar sistemáticamente la inversión extranjera directa (IED) en la República Popular, hasta duplicarse y triplicarse año tras año.

La IED que recibió China en ese período era de tipo "vertical" en sus 2/3 partes (inversión intraindustrial que integra los distintos anillos con las cadenas transnacionales de producción de alcance global). La IED integrante de la tipología "vertical" es opuesta a la inversión "horizontal", destinada a cubrir la demanda de los mercados internos, predominante en América del Sur.

Por obra directa de la creciente inversión extranjera (IED), pronto comenzaron a aumentar las exportaciones chinas, que sobrepasaron a las de Japón en 2003, y alcanzaron a 8,5% del total mundial en 2006 (era 2% en 2000).

La mayor parte del crecimiento de las exportaciones chinas se debió al incremento de la producción compartida (más de 40% de las importaciones chinas está integrado por partes y componentes, que, tras ser ensamblados en el territorio de China continental, son luego reexportados como bienes industriales "chinos" al resto del mundo, ante todo EE.UU. y la Unión Europea). En este momento, 56% del total de las exportaciones de la República Popular pueden ser categorizadas como "comercio de procesamiento" (*processingtrade*).

Como parte de este mismo movimiento, también comenzaron a aumentar las exportaciones de los países emergentes asiáticos hacia la República Popular, que aumentaron en valor U$S 70.000 millones en 3 años, y crecieron un promedio de 11,5% anual.

El resultado de este cambio estructural fue que China se ha transformado en el eje (*hub*) de la mayor plataforma de producción manufacturera de Asia y la segunda del sistema mundial, después de EE.UU./Norteamérica.

El traslado del eje de la acumulación global de los países avanzados a los emergentes está acompañado —y es parte integrante- de una aceleración del proceso de integración del capitalismo, que es un fenómeno de raíz tecnológica, y que es la tendencia subyacente a los acuerdos de libre comercio, ante todo los asiáticos.

El núcleo del proceso de integración mundial del capitalismo se encuentra en el vínculo EE.UU.-China, y se realiza a través de múltiples vías, tanto productivas como financieras y de transmisión de conocimientos.

Una de esas vías es de tipo espacial; y el espacio de integración esencial entre ambas superpotencias es la región Asia-Pacífico. A su vez, los instrumentos de este proceso de mutua integración sobre el espacio que cubre la mitad del mundo y que son el TPP (liderado por EE.UU.) y el ASEAN+3 (integrado por China, Japón, Corea del Sur).

Por eso, la plena integración asiática (TPP+ASEAN/3) es también, previsiblemente, la conclusión del proceso de integración mundial del sistema capitalista, encabezado en nuestra época por EE.UU. y la República Popular.

Capítulo 2

Tendencias y desafíos del agro global en las próximas dos décadas

2.1. Cambio climático, dato central del presente

El cambio climático -elevación sistemática de la temperatura de la atmósfera- no es una alternativa ominosa colocada en el futuro, sino un hecho central del presente, que modifica las condiciones de producción del sistema, ante todo en la agricultura. Lo que sucede en el mundo en los últimos 25 años es la extensión a los países emergentes de la Revolución Industrial que comenzó en Gran Bretaña en las últimas dos décadas del siglo XVIII.

China se ha convertido en el primer productor mundial de bienes manufacturados, tras dejar atrás a EE.UU. y Alemania. Es la obra de la inversión extranjera directa (IED), que ha constituido un stock de U\$S 1,2 billones. En los últimos 10 años, la IED en China ha ascendido un escalón, al transformarse en desplazamiento a su territorio de cadenas completas de producción, provenientes de Taiwán, Japón y Corea del Sur.

La Segunda Revolución Industrial (1870-1960) tuvo su eje en EE.UU., seguido por Alemania, tras su unificación a "sangre y acero" por Bismarck. Esta fase de la Revolución Industrial se fundó en dos innovaciones tecnológicas decisivas: los ferrocarriles y el motor de combustión interna, cuyo insumo son los combustibles fósiles derivados del petróleo.

La consecuencia directa de este fenómeno fue que la emisión de dióxido de carbono (CO_2) ha aumentado 40% desde 1870 y China se ha transformado en la principal emisora de CO_2 en los últimos 10 años. Esta semana la emisión de CO_2 alcanzó un récord histórico: 400 partes sobre 1 millón por día. Serían 800 partes en 2090, con un aumento de 2°/3° centígrados en la temperatura del planeta y una elevación del nivel del mar de 1 metro.

En 2012, EE.UU. tuvo la mayor sequía de los últimos 74 años y 9 de los 15 años posteriores a 1998 fueron los más cálidos de su historia desde que se llevan registros. En ese período experimentó 11 desastres climáticos.

El agro es la actividad más golpeada por el cambio climático y 80% de las cosechas fracasadas en los últimos 10 años se debieron a catástrofes ecológicas en EE.UU., Rusia, Europa y Australia. La producción mundial de alimentos hay que multiplicarla por dos en las próximas tres décadas, sostiene la FAO; y los acontecimientos climáticos del período 2000-2010 han frustrado el cumplimiento de esta pauta, con pérdidas de hasta 30% en las cosechas.

China es el país más golpeado por el cambio climático. El Norte/

Noroeste del país experimenta una sequía crónica y sus recursos hidráulicos son 1/4 del promedio mundial, en tanto 8 de las 28 provincias son consideradas "regiones desérticas", como en los países de Medio Oriente y Norte de África. La urbanización agrava esta carencia. Son 300 millones los chinos que pasan del campo a las ciudades entre 2010 y 2030. Al cambio climático hay que sumarle la polución. La contaminación de 39% de los mayores ríos los torna inutilizables para usos humanos. La agricultura absorbe 81% de los recursos hídricos, ya que produce bajo riego. La conclusión es que la producción agrícola en China es insustentable en el mediano-largo plazo (10/30 años). El cambio climático es un subproducto de la Revolución Industrial. De ahí que resolver el primero exija la superación del segundo, por su carácter intensivo en la utilización del trabajo y las materias primas.

Se puede aseverar que la resolución del problema del cambio climático en la economía industrial ocupará en las próximas dos décadas el rango principal de la agenda política mundial.

Este proceso está acompañado por una recuperación en gran escala de la industria manufacturera global, que ha dejado atrás el proceso de "desindustrialización" de los últimos 20 años. A la cabeza del renacer industrial se encuentra la actividad automotriz. En 2012, la industria automotriz china –la mayor del mundo– exportó por primera vez en su historia más de 1 millón de unidades (1.056.100). Significa que sus ventas externas aumentaron 30% respecto a las de 2011, y que, comparadas con las de 2001 (19.000 unidades), crecieron 500% en una década.

La desaceleración del producto chino (hoy crece 7,5% anual) hace que el sector automotriz se expanda 8% por año (en vez de 10% anual como hacía hasta 2007), lo que lo llevaría a alcanzar 22 millones de unidades en 2020.

La población urbana sería entonces 60% del total (hoy es 51%); y 58% de los hogares urbanos pertenecerían a la clase media (ingresos entre US$ 15.000/US$ 30.000 anuales).

Este cruce de tendencias haría que el parque automotor supere los 200 millones de unidades en 6 años, con la titularidad de 15% de la población (en EE.UU. es 100%).

Una parte creciente de las exportaciones automotrices chinas se realiza a través de la producción en plantas instaladas en el exterior. Cherry, la principal de ellas, dispone de 17 terminales en 15 países de 5 continentes (incluyendo Brasil) y planea instalar otras 10 en los próximos 5 años.

La producción automotriz mundial superó en 2013 los 82,4 millones de unidades, con una tasa de crecimiento de 2,5% que alcanza a 4,9% en Asia no japonesa (China, India, Tailandia, en primer lugar). Alemania tiene la principal industria automotriz europea y es la mayor exportadora mundial. Su producción asiática se ha triplicado entre 2007 y 2013.

Uno de cada tres automotores alemanes se fabrica en Asia. Volkswagen produce más vehículos en China que en la República Federal. La industria automotriz alemana acelera el paso y se inserta profundamente en la "nueva revolución industrial", sobre todo en materia de inversión, innovación y equipamiento tecnológico.

Volkswagen realiza en tres años una inversión de 50.000 millones de euros (U$S 65.055 millones), destinada a lograr el más alto nivel de robotización ultraflexible y funcionamiento cibernético, acompañado por un recorte de 20% del capital invertido por unidad de producto. El costo de la robotización ha caído 40% / 60% en los últimos 20 años y disminuiría otro 30% en los próximos 10 años. El principal freno a la aceleración de la producción automotriz no es tecnológico, ni financiero, es la carencia de personal suficientemente calificado.

El desajuste global entre oferta y demanda laboral superaría los 40 millones de trabajadores en 2020. La productividad manufacturera ha dejado de medirse en relación a la fuerza de trabajo (según el mayor o el menor costo), y ha sido reemplazada por el desempeño de todos los factores (PTF), considerados como un todo convergente y sinérgico. El desarrollo industrial es un proceso de aprendizaje social, que comienza a partir de una red intensamente interconectada desplegada sobre un espacio determinado, en el que un conjunto de personas -trabajadores, técnicos, ejecutivos- comparte un stock de conocimientos y habilidades.

A partir de este núcleo, el desarrollo sigue el camino de la diferenciación de productos de creciente complejidad tecnológica. Esto es lo que le otorga a la industria manufacturera un carácter único en el universo de la producción, porque está estructuralmente conectada a muchos otros sectores productivos.

Esta es la diferencia fundamental entre la manufactura y las actividades extractivas de recursos naturales (minería, petróleo), que no obstante poseer elevados niveles de productividad, no están conectadas a otros sistemas productivos: son enclaves. La actividad automotriz adelanta el futuro y permite vislumbrar los trazos históricamente superiores de la "nueva revolución industrial".

2.2. El cambio climático como condición de la producción agrícola mundial en las próximas dos décadas

El V Panel Intergubernamental de Naciones Unidas sobre el Cambio Climático (IPCC, por sus siglas en inglés) –la organización más prestigiosa y representativa del mundo académico y científico sobre este tema crucial– señaló durante octubre de 2013 que "el calentamiento global experimentado en los últimos 60 años es **inequívo-**

camente un fenómeno provocado por el hombre, especialmente a través de su actividad industrial".[4]

El Informe señala que en el hemisferio norte, el período 1983/2012 fue el más cálido de los últimos 1.400 años; y que lo probable es que aumente ahora hasta 2 grados centígrados hacia fin de siglo. También los niveles de los océanos se elevarían entre 0,5 y 0,9 metros en 2100, comparados con 1986 y 2005.

El Informe es terminante: "Las concentraciones de dióxido de carbono (CO_2) se han incrementado hasta niveles sin precedentes en los últimos 800.000 años; y han aumentado 40% desde los tiempos preindustriales (antes de 1780), provenientes de las emisiones de combustibles fósiles, y de las surgidas de las modificaciones en la utilización de la tierra". Agrega que los océanos han absorbido más de 30% de las emisiones de CO_2, lo que provoca su creciente acidificación.

El cambio climático es un hecho, y el creciente calentamiento ha adelantado el calendario de la producción agrícola, por la proliferación de sequías, veranos híper-cálidos e incendios generalizados. De ahí que haya comenzado a afectar la producción agroalimentaria, y sea una de las causas fundamentales de la creciente volatilidad de sus precios. Esto frena las inversiones necesarias para aumentar la productividad y limita el incremento de la producción.

El cambio climático golpea más a los pequeños productores, sobre todo en los países más atrasados, que cuentan con la población de menores ingresos, en la que prolifera la desnutrición (África y Sur de Asia). La población desnutrida asciende a 800 millones de personas (1 de cada 8 de la población mundial); y África del Norte, la mayor importadora de granos del mundo, es la región más afectada. Allí

---

[4] IPCC, Final Draft Underlying Scientific-Technical Assessment, Working Group I – 20[th]Session, Stockholm, 23-26 September 2013.

predomina la sequía crónica y la desertificación, que limitan estructuralmente la producción de agroalimentos. La emisión de dióxido de carbono (CO_2) asciende a 50.000 millones de toneladas/año; y el promedio per cápita es 7 toneladas (EE.UU., 22,1; China, 24).

El cambio climático es resultado directo de la Revolución Industrial, en especial la segunda (1870-1960), fundada en el motor de combustión interna, y en su insumo principal, el petróleo. A partir de 1991, la Revolución Industrial se convirtió en un fenómeno global, y se extendió al mundo emergente, culminando el proceso histórico iniciado en Gran Bretaña en el siglo XVIII. La NASA estima que la temperatura promedio del Medio Oeste norteamericano es hoy 1°C mayor a la de 1945; y el nivel de CO_2 en Illinois e Iowa es 35% más elevado que la de 1880, y 2/3 del incremento tuvo lugar después de 1960.[5]

El cálculo del MIT (Massachusetts Institute of Technology) es que un aumento de 1° de temperatura en un país en desarrollo reduce en 1,3 puntos porcentuales su tasa de crecimiento anual. El cambio climático es ya un elemento central del presente de la producción agrícola del mundo.[6]

2.3. La carencia de agua es la principal restricción para la producción agrícola mundial

El principal desafío del agro global es la restricción hídrica. La agricultura consume 70% del agua potable del mundo, y la demanda aumenta 30% en 2030, en tanto la global se elevaría 35%/60% en ese período, para duplicarse en 2050.La sequía crónica ha adquirido rasgos dramáticos, debido al agotamiento de las reservas acuíferas en el norte de África, Australia, noroeste de India y norte de China. Hay

[5] Disponible en web: NASA: http://mynasadata.larc.nasa.gov/global-climate-change/
[6] Sergey Paltsev, ErwanMonier, Jeffery Scott, Andrei Sokolov and John Reilly, "Integrated economic and climate projections for impact assessment", MIT Joint Program, Climate Change, October 2013.

que prever un aumento sostenido del precio de la energía y en especial del petróleo. La OCDE pronostica que el Brent alcanzará a U$S 190/barril en 2020. La agricultura es estructuralmente dependiente del precio de la energía.[7]

Este dato afecta a sectores críticos para el agro, como la producción de fertilizantes, cuyos valores se multiplicaron por 5 entre 2005 y 2008, coincidentemente con el boom de precios de los commodities, y en especial del petróleo. También cae la superficie de tierra fértil en el mundo (son 3.000 millones de hectáreas, de las cuales se utilizan la mitad). De ellas, 24% experimentan severos niveles de degradación (erosión), en su mayor parte irreversibles.

La urbanización creciente disputa la tierra agrícola en el mundo emergente. En China se apodera de más de un millón de hectáreas por año, a las que habría que multiplicar por 4/5 en los próximos 20.

Incrementar la producción agrícola en 70% para 2030 —como reclaman FAO/OCDE-, solo puede lograrse si se funda en el aumento de los rendimientos por hectárea y de la productividad de todos los factores. Sin salto tecnológico —productividad e innovación- no hay salida para la crisis alimentaria mundial, de raíz estructural, provocada por el exceso de la demanda sobre la oferta. El cambio que requiere la producción agrícola en las próximas 3/ 4 décadas es más drástico y abarcador que cualquier otro de la historia de la agricultura mundial, incluida la Revolución Industrial y la Revolución Verde. Exige una modificación de la naturaleza de la producción agrícola, para hacerla compatible con la conservación del medio ambiente, sustentable.

Los dos mayores países agrícolas del mundo -China y Brasil- han tomado una posición de vanguardia frente a esta necesidad histórica. Embra-

---

[7] OCDE, The bioeconomy to 2030.Designing a policy agenda, Paris, OCDE Publishing, 2009.

pa (Empresa Brasileira de Pesquisa Agrícola) tiene un presupuesto de U$S 1.100 millones, que se incrementa 8%/10% por año, no obstante las severas restricciones presupuestarias del gobierno de Dilma Rousseff.

El incremento de la productividad es lo que ha convertido a Brasil en el primer exportador mundial de alimentos en la segunda década del siglo XXI. China gasta U$S 1.780 millones anuales en I&D agrícola, y la aumenta 10% por año. La certidumbre del gobierno chino es que la innovación agrícola es la ruta principal para eliminar la pobreza en la República Popular.

2.4. Este es el tercer súperciclo de los commodities en la historia del capitalismo

Desde 1998 hasta la crisis financiera internacional de 2008-2009, el precio del petróleo en el mercado mundial aumentó 1.062%, el del cobre creció 480%, y los valores del maíz treparon 240%.Fue el resultado de la explosión de demanda de los países emergentes, cuyo núcleo decisivo es la irrupción de China e India en el comercio internacional, lo que ocurrió con particular énfasis en los últimos 10 años.

Lo esencial del aumento récord de los precios de los commodities es que es consecuencia de la aparición de un "supercíclo de la materias primas" -el tercero en la historia del capitalismo-, cuya característica primordial es que la demanda crece muy por encima de la oferta a partir del año 2000, a pesar del crecimiento récord de ésta.

Lo fundamental en este "supercíclo de los commodities" es el término "super", y lo accesorio es el "ciclo". En la historia del capitalismo, los "superciclos" han demostrado una duración promedio de 30/40 años. Lo propio de este tercer "superciclo" son los cambios estructurales de la demanda, fenómeno único en términos históricos.

La novedad es su raíz china/asiática, no su persistencia (13/14 años); y su característica primordial es la velocidad con que se ha modificado la tendencia, desde la depreciación secular del siglo XX al auge excepcional de los últimos 3 lustros. Así, desde 1998, el promedio de auge del precio de todas las materias primas ha sido 58,9%, el mayor nivel de expansión de los tres "superciclos".

En el primero (1890-1932), caracterizado por la industrialización de EE.UU. y la expansión de la industria manufacturera alemana, los precios aumentaron 23,6% promedio.En el segundo (1949-1971), consecuencia de la reconstrucción de Europa y de Japón después de la Segunda Guerra Mundial, los precios crecieron 42,8%; y ahora, en el tercero, 20 puntos más.

En 2013 se vendieron en China 21 millones de automotores, y en 2030 el parque automotriz superaría 220 millones de unidades. La nueva clase media es el principal comprador. Son ya 550 millones de personas, que serían 700 millones en 2020 y 1.000 millones 10 años después.El pico de compra de automotores en EE.UU. se logró en 2004 (13 millones de unidades). Desde entonces, la sociedad norteamericana compra menos vehículos, más livianos y con menor consumo de combustibles, y se orienta hacia los automóviles eléctricos.

Debido al auge de la demanda china, el precio del petróleo aumenta cada vez más, a pesar de que EE.UU. es cada vez menos intensivo en energía. El consumo per cápita de energía en China por unidad de producto (en millones de BTU) es 400, y en EE.UU., 230 y disminuyendo. Son 250 millones los campesinos chinos que pasaron del campo a las ciudades en los últimos 30 años, y en los próximos 20, más de 300 millones protagonizarán este proceso de migración masiva.

Implica que el crecimiento de la urbanización en China pone un piso a la caída de la demanda de commodities en el mercado mundial que ha provocado la desaceleración de la economía de la República Popular.

La caída de los precios de las materias primas en los últimos 2 años (30%/50%), **salvo los alimentos,** es un simple lapso, no una tendencia declinante irreversible, ya en proceso de reversión.Es por ello que la producción agrícola mundial se transforma en el punto primero de la agenda política internacional de los próximos 10/20 años; y se convierte en la cuestión decisiva de la gobernabilidad del sistema. La población del mundo llega a 9.000/10.000 millones de personas en 2050; y la oferta mundial de alimentos está muy por debajo de la demanda.El protagonismo en este tema central pertenece a los países que son grandes productores y exportadores de alimentos. Y esto significa América del Sur y en especial Brasil y la Argentina.

2.5. Nueva estrategia china centrada en el aumento de la oferta mundial de agroalimentos. Para China ahora su seguridad alimentaria es sinónimo de la seguridad alimentaria mundial

China ha decidido una nueva estrategia alimentaria destinada a aumentar la oferta mundial de agroalimentos, a través del auge sistemático de sus inversiones en el exterior, sobre todo en los grandes países productores de proteínas, primordialmente EE.UU., Brasil y la Argentina.

La República Popular da como un hecho que sus importaciones de soja y maíz se multiplican por 4 o 6 en los próximos 10 años; y también está convencida de que esta tendencia acarrea inexorablemente una nueva crisis alimentaria en el sistema mundial, tanto o más aguda que las de 2009 y 2011, con precios que superarían todos los récords.

Los datos que maneja el gobierno chino son los siguientes: en 2012 se importaron 60 millones de toneladas de soja, que serían 70 millones en 2014, para trepar a 105/110 millones de toneladas en 2020/2023. Ocurre lo mismo con el maíz: en 2012, se importaron 6 millones de toneladas, que serían 8 millones en 2014, para elevarse a 20 millones en 2020, y a partir de allí se adquiriría un piso de 25/26 millones de toneladas por año.

China ha dejado de lado su preocupación milenaria por la autosuficiencia alimentaria, y ha tomado la decisión estratégica de depender agroalimentariamente cada vez más de EE.UU., Brasil y la Argentina, en uno de los replanteos geopolíticos más profundos de su historia.

China ha dado ahora un paso más allá de esta decisión estratégica fundamental, y apuesta a unir sus necesidades agroalimentarias, que la llevan a multiplicar sus importaciones de soja y maíz, con la seguridad alimentaria del mundo, en el momento en que éste expande su población en 2.000 millones de personas hasta 2050.

Por eso apuesta a aumentar la oferta agroalimentaria mundial. Un ejemplo de esta nueva estrategia es la compra de Smithfields en EE.UU. por U$S 7.400 millones, con el objetivo de multiplicar por 2 en 5 años su producción de carne de cerdo, para dirigirla al mercado mundial y fundamentalmente a China.

El primer ministro Li Keqiang informó que China prevé importar productos por U$S 10 billones en los próximos 5 años; y realizará en ese período inversiones en el exterior por U$S 500.000 millones.Estas inversiones directas se tendrán lugar primordialmente en EE.UU., Europa (sobre todo Alemania) y América Latina, con eje en México, Brasil y la Argentina.

Hay que prever que una parte significativa de estas inversiones, sobre todo las que se realicen en América del Sur, se destinarán a ampliar la capacidad agroalimentaria, potenciando la acción de las grandes unidades productivas ya existentes, en especial las de Brasil y la Argentina, y utilizando la tecnología más avanzada del mundo; y queda excluida del campo potencial de inversiones la compra de tierras agrícolas.Atrás de la decisión inversora de la República Popular no hay una preocupación inmobiliaria, sino tecnológica/productiva, con el objetivo de resolver la crisis alimentaria mundial, que se caracteriza por el retraso de la oferta frente a la demanda.

China es el principal productor mundial de granos, con una cosecha de 585 millones de toneladas en 2012, centrada en asegurar la alimentación de su población (1.340 millones), sobre todo en dos productos esenciales: arroz y trigo.Esta extraordinaria capacidad productiva se ha encontrado con obstáculos estructurales, en especial la restricción de tierra fértil utilizable y la carencia de agua.

Esta limitación la obliga a aumentar las importaciones de soja y maíz. Esto sucede cuando se expande la demanda de alimentos por el mayor nivel de ingresos (los salarios reales aumentaron 20% anual en los últimos 5 años) y el pleno empleo urbano. También, cuando el PBI per cápita (+8% anual) crece por encima del PBI nominal (+7,5% en 2013).De ahí la creciente dependencia de la producción de proteínas de América del Sur (Brasil/la Argentina), convertida en la región más estratégica de la producción agrícola mundial, y en el eje de la seguridad alimentaria de la República Popular.

China tiene 22% de la población mundial, 7% de la tierra fértil del mundo, y 25% del nivel promedio de consumo de agua del planeta (1.000 m3/año); y en estas condiciones, la producción agrícola aumentó 4,5 veces desde 1978.

El consumo de alimentos crece por encima del excepcional incremento de la producción, a una tasa acumulada de 0,5% por año, que le impone la necesidad de importar soja, maíz y carne de cerdo.

FAO/OCDE estiman que las importaciones de soja y harina de soja aumentarán en China 40% en los próximos 10 años (60% del comercio mundial); y las compras de lácteos en el exterior crecerían 22% en este período (82% leche en polvo).[8]

La producción ictícola mundial se elevaría 35% en 2022 (70% en China), mientras que la pesca de captura aumentaría 5%. Por eso, el año pasado fue la primera vez en la historia en que la acuacultura superó a la pesca de altura en la producción ictícola mundial.

La República Popular tenía en la década del '50, unos 50.000 ríos y arroyos con 100 km2 de área de influencia promedio cada uno. Hoy tiene menos de 23.000, y la pérdida es atribuible a la sobreexplotación por el desarrollo industrial y agrícola. China dispone de las terceras reservas de shale gas/shaleoil del mundo –después de EE.UU. y la Argentina–, pero la carencia de agua le impide explotarlas (cada yacimiento de shale requiere 15.000 ton. agua/año).

Además, 4/5 partes del agua disponible se encuentra en el Sur (cuenca del Yangtzé). Pero la mitad de la población y 2/3 de la tierra agrícola está en el Norte (cuenca del Río Amarillo, cuna de la civilización china). De ahí que el Norte de China experimente sequía crónica, equiparable al Norte de África o a la Península Arábiga.

El problema no es sólo la escasez, sino también la polución del agua: 1/3 de los recursos hídricos son inutilizables para usos agrícolas; y lo mismo sucede con 70% del agua disponible para el consumo humano.El resultado es que la producción agrícola china es insostenible en el mediano/largo plazo. La conclusión provisoria es que la relevancia de Brasil y la Argentina en asegurar la alimentación de la población china es cada vez mayor; y afecta el núcleo de los intereses vitales de una de las dos superpotencias del siglo XXI.

---

[8] FAO, El Estado Mundial de la Agricultura y la Alimentación 2012, New York, FAO, 2012.

2.6. El conocimiento biotecnológico y las "ciencias de la vida" dejan atrás, definitivamente asumida, a la razón instrumental, e incorporan como propia la lógica de la creación de vida

La biotecnología se confunde en su frontera con las "ciencias de la vida", y estas se orientan a desarrollar las fuentes más elementales de la actividad vital –el genoma humano-, tras haberlo creado hace dos años en un laboratorio de EE. UU. Esta creación es un punto de inflexión en la historia del conocimiento.

Atrás quedan cuatro siglos de investigación científica guiada por la razón instrumental, que se confunde con la modernidad, y sus extraordinarios logros en el dominio de la naturaleza. Ahora, la creación del genoma humano se convierte en un acto de pura creatividad, que va más allá de lo técnico.

Las dos estructuras más cercanas a la fuente de la vida son los alimentos y los combustibles, y en ambos se aproximan a aplicaciones prácticas de envergadura. Ante todo, la producción de biocombustibles libres de consecuencias dañinas al medioambiente, con la virtual eliminación de la emisión de dióxido de carbono (CO_2).

También se espera la aparición en gran escala de lo que se estima sería una nueva agricultura, carente de efectos negativos sobre la naturaleza o la vida humana. Lo que está en marcha, no es la consecuencia de la manipulación del genoma humano, sino el resultado de actuar de acuerdo a su lógica, que es la de la vida, y aplicar sus conclusiones más avanzadas. Las "ciencias de la vida", a través de la biología sintética, no intentan suplantar al petróleo o al biodiesel, sino agregarle un suplemento que potencie su capacidad energética y que elimine el CO_2.

La estructura básica de la vida –el ADN- se expresa ya en términos digitales, con igual lógica y similar velocidad. De esta manera, la biología sintética se transforma en ingeniería genética, y ha entrado en una etapa acelerada de descubrimientos, porque lo que se lee en la Red (Internet) es lo mismo que sucede con el genoma real.

Lo que impulsa este salto tecnológico no es solo el afán de conocimiento de los investigadores. Atrás hay un hecho estructural, y es que los altos precios de los alimentos reflejan el retraso de la oferta frente al auge excepcional de la demanda agroalimentaria. En especial, la proveniente de los países emergentes, responsables del 80% del crecimiento de la economía mundial en 2012.

De ahí que el último año todos los países agrícolas del mundo emergente se hayan volcado a la utilización en gran escala de la avanzada del conocimiento biotecnológico (semillas genéticamente modificadas/GM).Por eso, los países emergentes representaron 48% de la producción con semillas GM en 2012, y alcanzarían a 60% en 2015. También la biología sintética apresura el paso. En 2001, reproducir la secuencia del primer genoma botánico llevó 7 años y costó U$S 500 millones. Ahora, se tarda 3 minutos y el valor del experimento asciende a U$S 99.

Este es el ritmo del avance de la biología sintética en el campo agrícola. Por eso, a medida que los precios agrícolas aumentan, los gastos en investigación y desarrollo científico y tecnológico crecen más que proporcionalmente.

Está comprobado a su vez que a medida que los gastos de investigación aumentan, se eleva sistemáticamente la productividad agrícola en el mediano y largo plazo; y esto indica que el conocimiento se ha transformado en su componente fundamental.

Capítulo 3

Bioeconomía: novedad histórica cualitativa de carácter civilizatorio.

Crisis del Iluminismo y de su relación con la naturaleza

3.1. Convergen la bioeconomía y la "nueva revolución industrial", convertidas en un mismo fenómeno histórico-estructural de raíz tecnológica, y constituyen la respuesta del capitalismo a la crisis provocada en el medio ambiente por la economía manufacturera (cambio climático). La Escuela de Frankfurt es la autocrítica de la modernidad en crisis

La clave del cambio climático (calentamiento de la atmósfera) es la emisión de dióxido de carbono (CO_2) en forma sostenida. A su vez, ésta es consecuencia del desarrollo de la economía industrial, en especial a partir de la fase de vigencia de la industria automovilística, centrada en el motor de combustión interna.

Pero el sustento de la economía industrial en el desarrollo capitalista es la relación establecida desde el comienzo de la Modernidad entre el hombre y la naturaleza, a través de la razón instrumental, que es la principal categoría del Iluminismo.[9]

El mundo moderno se asimila al Iluminismo en el terreno del pensamiento; y el núcleo del Iluminismo es la idea de que "El hombre es el Señor de la Creación y el dueño de la naturaleza". Todo surge de este concepto fundamental, y de él se desprende la visión del mundo y del hombre del mundo moderno.

Dicen Horkheimer y Adorno: "Sin la idea de la Gracia –el don que Dios hace al hombre al transferirle parte de su divinidad y que lo constituye como persona-, impera la arrogancia del Yo subjetivo (y autosuficiente), que sostiene que 'el hombre es la medida de todas las cosas', y 'el Señor del mundo y de la Creación'". Agregan Horkheimer y Adorno: "Sin una racionalidad de fines, toda interacción, esto es, la esencia de la vida humana, se transforma en una relación de poder".

Esto se debe a que "… el Iluminismo es un programa de dominación, primero de la naturaleza, y luego del hombre; y que a los dos trata como objetos". Por eso, para el "'Yo subjetivo' (y autosuficiente), la naturaleza es un objeto inferior y externo (…). El Iluminismo objetiviza (reifica) los espíritus, y los transforma en átomos fungibles carentes de vida". Para el Iluminismo "la naturaleza carece de espíritu y de sentido, y es un objeto sólo digno de ser dominado".

De ahí que la transformación de la naturaleza a través de la razón instrumental sea para el Iluminismo una tarea de manipulación e instrumentación, de desintegración de su estructura hasta llegar a sus elementos constitutivos, que son "átomos fungibles carentes de vida".

---

[9] Horkheimer, Max y Adorno, Theodor W. Dialéctica del Iluminismo, Buenos Aires, Editorial Sur, 1971; también Jay, Martin, The dialectical imagination, A History of the Frankfurt School and the Institute of Social Research, 1923-1950, University of California Press, 1996, pp. 268 y ss.

El cambio climático no es sólo el aumento de la temperatura en la atmósfera –que se elevaría 2°C al concluir el siglo-, sino algo más fundamental, una **crisis de civilización**, referida al cuestionamiento de los fundamentos y las razones de vivir en común.

La razón instrumental quiebra por necesidad de eficacia la unidad del hombre con la naturaleza, que es la propia de la condición humana, y al hacerlo rompe con la unidad del hombre y el ambiente en que vive, y ha producido una ruptura en la ecología humana. De ahí la crisis de civilización.

Lo que está en quiebra son los fundamentos iluministas de la civilización, porque ha creado una sociedad extraordinariamente eficaz en el dominio de la naturaleza, que al estar basada exclusivamente en la razón instrumental, también es el de su destrucción. Esto significa que el mundo moderno es el único que carece de fundamentos trascendentes, de razón de ser, en la historia del hombre.

La razón iluminista, instrumental, es por definición calculadora y formal, y presume que la naturaleza es hostil y ajena, un mero objeto; y que por eso se trata de dominarla, de reducirla a sus átomos constitutivos, fungibles y carentes de vida.

¿Por qué –se preguntan Horkheimer y Adorno- la razón iluminista (instrumental) denigra la naturaleza y la trata como un objeto a ser dominado? Porque parte de la premisa de la "centralidad del hombre", de la idea de que es "el Señor de la Creación". El iluminismo, en síntesis, olvida que "… la naturaleza es algo interno al hombre, no un objeto externo e inferior, sujeto a dominio (represión) y explotación".

El pensamiento moderno, hoy en crisis, denominado "posmoderno", es esencialmente técnico (instrumental). Por eso empieza y termina con la tecnología, y la clase social que mejor lo representa es la "tecnocracia", que es la burocracia iluminista, cuyo lenguaje propio son los "modelos" –"todo lo que no es modelo es metáfora"- y las matemáticas.

3.2. Emerge un nuevo mecanismo de acumulación global que abarca a la totalidad de la población del planeta

Después de la crisis global 2008-2009 (Lehman Brothers) –que es el segundo punto de inflexión de la historia del mundo tras la caída de la Unión Soviética en 1991– ha emergido un nuevo mecanismo de acumulación que se orienta a abarcar a la totalidad de la población del planeta en los próximos 20 años, y que al mismo tiempo asegura el surgimiento de un medio ambiente con 2° centígrados más de temperatura al concluir el siglo.

El capitalismo es sinónimo de revolución industrial y ha culminado su extraordinario despliegue iniciado en 1780 al convertirse China en la mayor potencia industrial del mundo.En el camino, el sistema ha infligido un daño irreversible a la naturaleza al convertirla en un insumo del proceso industrial. El resultado de este esfuerzo exitoso de dominación es el calentamiento de la atmósfera (cambio climático).

La población del mundo tendrá 2.000 millones más de habitantes en 2050, y 1.000 millones serán rescatadas de la pobreza, con un consumo de recursos que triplicará al de los últimos 200 años.China vendió el año pasado 21 millones de automotores, y el parque automotriz alcanzó a 240 millones de unidades. En las próximas tres décadas treparía a 400 millones, la tercera parte del actual parque norteamericano.

El capitalismo es un mecanismo autoinducido de acumulación que se desarrolla a través de la absorción y despliegue de sucesivas revoluciones tecnológicas. Como fenómeno histórico, no es obra de un determinismo tecnológico, sino que surge en forma de ondas largas (40 / 60 años), resultado de la interacción entre economía, tecnología y política.Esta última es la decisiva. Es la que desata las ondas largas, a partir de acontecimientos geopolíticos de alcance global, como la caída de la Unión Soviética en 1991, o el derrumbe de Lehman Brothers en 2008.

3.3. La economía industrial es responsable del calentamiento de la atmósfera o cambio climático

El rasgo esencial del mecanismo de acumulación surgido en 2008 es la continua optimización en el uso de los recursos, provocada por la virtual desaparición de la fricción en su procesamiento. De ahí que disminuyan en forma sistemática los costos de transacción.Este mecanismo no necesita destruir la naturaleza para procesarla; y por eso surge ahora la cuestión del cambio climático. "La humanidad solo se plantea problemas que puede resolver" (Marx).

La raíz del cambio climático es la destrucción de la naturaleza realizada por la economía industrial, sobre todo a partir del surgimiento del motor de combustión interna, potenciado –sin costo económico hasta 1973 (primer shock petrolero)– por el uso masivo de combustibles fósiles.

La necesidad impone ahora un nuevo rumbo. En los últimos 10 años, EE.UU ha tenido los nueve años más cálidos de toda su historia, y la temperatura promedio en julio y agosto en el Medio-Oeste (*Cornbelt*) es hoy 2° centígrados más de lo que era en 1850. "Nada convierte a una persona en más inteligente que la posibilidad de ser ejecutado en un plazo de dos semanas", constató Oscar Wilde.

3.4. La bioeconomía adopta las reglas de la naturaleza, en vez de antagonizarla

Lo esencial de la bioeconomía es que no antagoniza a la naturaleza, sino que adopta sus reglas, y se convierte en "ciencias de la vida". De ahí que su categoría central sea la sustentabilidad, la reproducción de la vida.

La agricultura avanzada sustenta materialmente a la bioeconomía. Es la forma contemporánea en la que el capitalismo se apodera de la actividad agrícola, y la convierte en la superación productiva de la economía industrial, al punto de absorberla y darle un nuevo significado. Al dejar atrás las tres primeras revoluciones industriales, el capitalismo asume ahora la lógica de la vida.

Fiel a su naturaleza, aumenta incluso la productividad biológica, y hace que la naturaleza se torne capitalista y trabaje más, más rápido y mejor. La "renta agrícola" era la ganancia de la tierra en el pasado, y ahora se convierte en una fuente excepcional de rentas surgidas del conocimiento más avanzado, que es el de la biología.La transformación incesante del capitalismo hace que siempre se reencuentre con su punto de partida.

El agro argentino es uno de los tres más avanzados del mundo en términos tecnológicos, científicos y de capital humano. Como tal, es un protagonista principal de la bioeconomía, el sector de vanguardia de la producción capitalista en el siglo XXI.

La bioeconomía es inseparable de tres transformaciones tecnológicas y científicas desatadas en los últimos 10 años. En primer lugar, la ingeniería genética, con su capacidad de creación de células vivas, el descubrimiento de mayor trascendencia del conocimiento biológico en toda la historia.

Luego, el dominio de la secuencia del genoma humano (ADN), que abrió un nuevo mundo de conocimiento y posibilidades. Por último, el desarrollo de las supercomputadoras, capaces de procesar y descubrir pautas y repeticiones estructurales con una potencia hasta ahora nunca alcanzada.

Por eso la bioeconomía es el tránsito definitivo de una economía basada en los combustibles fósiles, a otra fundada en la biología y en el conocimiento más avanzado. Lo decisivo es que surge de una concepción integrada, de tipo holístico, a partir de un elemento central que son los recursos biológicos.

Pero lo que le otorga toda su importancia es que enfrenta el mayor desafío de la producción capitalista en toda su historia: la necesidad de alimentar a 9.500 millones de personas en 2050, con preferencias de consumo crecientemente diferenciadas, y debe hacerlo en condiciones irreversibles de calentamiento de la atmósfera (cambio climático).

La bioeconomía nace de la transición forzada entre la lógica capitalista fundada en la revolución industrial y una nueva relación con la naturaleza, que se reconcilia con ella y actúa de acuerdo a su lógica. En la fase industrial, la naturaleza era un simple insumo. En cambio ahora, el nuevo vínculo establecido por la bioeconomía se denomina "sustentabilidad". Este cambio adelanta el surgimiento de una nueva civilización.

El Mercosur (Brasil/la Argentina) es la región del mundo con mayor potencial para el desarrollo de la bioeconomía. No sólo posee las mejores y más ricas tierras agrícolas y los mayores recursos de agua del planeta, sino que dispone de una producción agrícola altamente eficiente, con niveles de productividad sólo comparables a los de EE.UU.

Más de la mitad de la producción agrícola mundial se hace ya con diversos tipos de elementos biotecnológicos, y sería 60%/70% del total en 2030. La producción farmacológica global se realiza hoy en gran parte sobre la base del conocimiento biotecnológico. Hace 10 años era 1,8% del total y ahora es 20%.

No hay que descartar la posibilidad de que el vuelco hacia la bioeconomía adquiera un carácter revolucionario, sobre todo en la industria de la salud y en la manufactura. Todo depende de si los incentivos para su promoción se transforman en un punto central de la agenda de gobernabilidad del sistema mundial (G-20), ante la necesidad de resolver el doble desafío de la seguridad alimentaria y del cambio climático.

La clave de la bioeconomía como nueva fase del modo capitalista de producción es el concepto de sustentabilidad, que parte de la premisa de que el mecanismo de acumulación industrial, basado en una relación de dominio y desarticulación de la naturaleza, no puede continuar.

El costo de producir en las condiciones del desarrollo capitalista a partir de la Revolución Industrial (1780-1840), en condiciones de dominación de la naturaleza, a través de reglas ajenas a su desarrollo endógeno, es la causa fundamental de la crisis orgánica, irreversible y creciente, provocada por el calentamiento de la atmósfera, también denominado "cambio climático".

El punto fundamental de carácter crítico respecto a la acumulación capitalista en el siglo XXI es que el cambio climático se ha convertido en un hecho central del presente (ha venido desde el futuro hacia el momento actual); y esto obliga a revisar todos los conceptos referidos a la relación entre el hombre –considerado sinónimo del "yo autosuficiente" y liberado de toda trascendencia- y la naturaleza, lo que incluye no sólo el medioambiente, sino también el cuerpo y la psiquis humana.

Esto obliga a revisar ante todo en esta relación crucial hombre/naturaleza, la concepción ideológica/filosófica en que se funda históricamente, sobre todo a partir de la Revolución Industrial, que es el Iluminismo, por definición ahistórico y fundado en un humanismo autosuficiente.[10]

En términos históricos y conceptuales, la bioeconomía es la fase de la acumulación capitalista que viene después, y como respuesta crítica, a la crisis de la economía industrial, que es la civilización moderna. El núcleo de la bioeconomía, como fase propia, autónoma, de la acumulación capitalista, es la conversión de la biomasa en un conjunto de productos de la alimentación, la salud, la fibra y la energía.Por definición, la biomasa es renovable y abarca cualquier material biológico (agrícola, animal, forestal), y sirve como materia prima y fuente de creación de productos.

El significado de la bioeconomía es más civilizatorio que estrechamente económico. Implica modificar en sus raíces la forma en que se vive y se trabaja, con una distinta relación al consumo de la energía y a la alimentación, al punto de transformar a esta última con un criterio de nueva civilización. Hay que establecer un nuevo pacto entre alimentos y vida.

La bioeconomía es un proceso de transición entre una economía fundada en los combustibles fósiles y otra que se sustenta en la agricultura en el sentido más amplio del término, que provee no sólo alimentación, sino biomasa, que es la materia prima renovable (biológica) que sirve de base para una producción integrada e interactiva, que se desarrolla en forma de red no piramidal, y que se denomina "bioeconomía". La revolución tecnológica en que se funda la bioeco-

---

[10] Véase: Horkheimer, Max y Adorno, Theodor, Dialéctica del Iluminismo, Buenos Aires, Sudamericana, 1988; Castro, Jorge, Dios en la Plaza Pública. Benedicto XVI: política y cultura en la era de la globalización, Buenos Aires, Ágape Libros, 2012 y Steiner, George, Martin Heidegger, Chicago, University of Chicago Press, 1991.

nomía está constituida por las "ciencias de la vida", encabezadas por la biotecnología y la ingeniería genética.

El hecho de que la demanda mundial de alimentos se duplica en los próximos 20 años (FAO/OCDE, USDA); y que satisfacer este extraordinario desafío obliga a hacerlo de modo sustentable –lo que significa establecer un nuevo régimen de utilización de los recursos hídricos, un manejo estratégico de largo plazo de las características de las unidades productivas (extensión/rendimiento/edad de los productores), incluyendo los nutrientes (fósforo/nitrógeno) que se necesitan, así como una política deliberada y cuantificable de disminución de dióxido de carbono (CO_2) por unidad de producción; y en general fijar un criterio de desarrollo de largo plazo que abarque tanto los aspectos económicos como sociales y demográficos.

Esto requiere una visión de largo plazo, de alcance global, que por su naturaleza debe fundarse en una concepción integrada y holística. La tarea empeñada por la bioeconomía puede resumirse en estos términos: debe duplicar la producción de alimentos en las próximas cuatro décadas y al mismo tiempo está forzada a hacerlo disminuyendo a la mitad su impacto climático, sobre todo en lo que se refiere a la necesidad de reducir en esa proporción la emisión de CO_2, que es la causa fundamental del calentamiento de la atmósfera.

En un criterio más amplio, se trata de resolver el desafío planteado por el manejo de los recursos naturales. Lo primero es establecer cuál es el stock de biomasa que es necesario para satisfacer la demanda mundial de alimentos, tanto actual como previsible, y de proveer las materias primas utilizables en las próximas cuatro décadas; y hay que hacer todo esto con un esfuerzo de dimensionamiento adecuado a cada uno de estos períodos.

Luego hay que identificar las principales tendencias de cambio que se refieren a la productividad de todos los factores (PTF) de la producción agrícola, así como a un manejo integrado de los recursos de tierra y agua.

Se trata de una cuestión propia de la autoridad política global (el Estado mundial en ciernes) que ha comenzado a surgir en esta segunda década del siglo XXI, a través de la alianza estratégica de China y EE.UU.[11]

Hay que advertir que en el siglo XXI el primer eslabón de la producción primaria se ha convertido en integrante de las cadenas globales de producción y distribución, lo que significa que la cantidad de agua y tierra necesaria para la producción mundial surge de una visión global, no segmentada o limitada a su primer eslabón.

[11] OCDE, Thebioeconomy to 2030. Designing a policy agenda, op. cit. y Castro, Jorge, *Dios en la plaza pública. Benedicto XVI: política y cultura en la era de la globalización*, Buenos Aires, Ágape Libros, 2012.

Capítulo 4

El agro argentino: Dínamo de productividad

El nivel récord de ganancias del "nuevo agro" abre la posibilidad de refinanciar la reconversión de los otros actores de la economía argentina, ante todo la industria manufacturera, de modo de tornarla globalmente competitiva, en las condiciones de una nueva revolución industrial.

La reconversión de la industria fija las bases de una nueva estrategia de desarrollo argentino, fundada en la profundización de su especialización agroalimentaria y en la mejora cualitativa del capital humano.

El "nuevo agro" aporta a la sociedad argentina un shock de recursos adicionales de U$S 15.000 millones/ U$S 20.000 millones por año, señala Roberto Bisang[12]. La base de estos recursos adicionales es "(…) una producción primaria que es la más competitiva, y la menos

---

[12] Clarín, 26 de enero de 2014.

costosa, comparativamente, del mundo. (…)Esto es lo que le otorga a la Argentina un plus de ganancia en los mercados mundiales".

Esta super-renta lograda a través de la innovación biotecnológica es la que permite discutir las prioridades de una estrategia nacional de desarrollo, sobre la premisa de que están ahora disponibles los recursos para financiarlas. En este sentido, afirma Bisang, "(…) la estrategia de industrialización que surge de este nuevo agro consiste en sustituir todas las exportaciones de bajo valor agregado, sin diferenciar entre las industriales y las agroalimentarias".

El rasgo estratégico central de la producción agrícola argentina es que el país tiene escasa población relativa, y al mismo tiempo extraordinarias ventajas comparativas en el mercado mundial de alimentos.

Este punto es enfatizado por el investigador de la Universidad de Iowa, Sergio Lence, en su excepcional trabajo sobre la productividad agrícola de la Argentina en *The Shifting Patterns of Agricultural Production and Productivity Worldwide* (Iowa, 2010).

Según la FAO, la Argentina contaba en 2006 con 0.59% de la población mundial, y 2.10% de las tierras fértiles del mundo, que se ampliaban a 2.96%, al centrar la atención sobre las más fértiles de todas.

Argentina produce 8.4% del producto agrícola del mundo, y es responsable de 2.9% del comercio internacional. Por eso, es el tercer exportador mundial de soja, y el primero de aceite y de pasta de soja (36.1% del total mundial).

El PBI agrícola es decisivo en la conformación del producto nacional. La producción primaria es 9% del total, pero si se toma a la agroindustria y a los servicios vinculados a ella, aumenta a 25%, y ocupa más de un 1/3 del empleo.

Agrega Lence que los impuestos que paga el sector son más de 45% del total, y las exportaciones agroalimentarias, incluyendo las manufacturas de ese origen, ascienden a 60% de las ventas externas.

La producción agroalimentaria experimentó una crisis estructural en 1946, cuando el sistema político entonces dominante –que transformaría irreversiblemente al país– la enfrentó por motivos políticos, acusándola de estar vinculada al comercio internacional y al capital extranjero, considerados adversarios de la Nación.

El resultado fue que entre 1945 y 1964, cuando el mercado mundial se abrió nuevamente como antes de la Primera Guerra Mundial, las exportaciones cayeron cuantitativamente 27% con respecto a los niveles de 1925/29, e incluso se hundieron 22% por debajo de los estándares logrados en la Gran Depresión de la década del 30 (1930-1939), como subrayó Carlos Díaz Alejandro (*Essays on the Economic History of Argentine Republic*, 1970).

Todo cambió en la década del 90, cuando se estableció una nueva relación entre la producción agroalimentaria y el sistema político surgido en 1946. Ante todo, a través de un extraordinario crecimiento de la productividad. En el maíz, el producto por hectárea aumentó de 1.8 toneladas en 1961/63 a 7 toneladas en 2005/07; se cuadruplicó. La soja tenía un rendimiento de 1 tonelada por hectárea en 1961/63 y pasó a 2.8 toneladas/ha en 2005/07, un auge de más de 150%. Por último, el trigo aumentó de 1.5 a 2.7 toneladas/ha entre 1961/63 y 2005/07 (+ 80%).

Muy notable fue lo que ocurrió con la industria láctea. En las tres décadas posteriores a 1960, la producción creció 50%; y luego, en la década del 90, se incrementó 75% en 4 años. Especialmente significativa fue lo que sucedió con la productividad de la lechería. Entre 1960 y 1985, el rendimiento era 1.9 toneladas/año por vaca en stock, y en las siguientes dos décadas aumentó a 4.8 toneladas/año por vaca (+ de 150%).

La soja es el cultivo líder de la producción agrícola argentina. Su productividad es igual a la de EE.UU.; y 20% superior a la de los otros competidores, en primer lugar Brasil.

La baja productividad de las carnes –hasta la aparición del "feed lot" en los últimos 10 años– explica gran parte de su pérdida de relevancia dentro del sector agroalimentario. Es menos de 1/2 de EE.UU. y 25% inferior al de los otros competidores, con la excepción de Brasil, cuya productividad es todavía menor.

En el maíz, el rendimiento es 25% menor que el estadounidense, pero 20% mayor que en los otros competidores. El trigo resultados similares a los norteamericanos, pero 50% inferior al país líder en este producto, que es Alemania. La productividad allí es 7.2 toneladas/ha, y en la Argentina es 2.7 tonelada/ha.

El salto experimentado en la década del 90 muestra que el sector responde con celeridad a los incentivos económicos. Inversamente, tiende a frenar su notable potencialidad cuando enfrenta políticas altamente discriminatorias, como las que ejerce el sistema de poder vigente desde 2003.

4.1. El agro argentino y el papel del Estado. Una visión histórica sobre los incentivos económicos

Claudio Belini y Juan Carlos Korol en un reciente estudio sobre la economía argentina (*Historia económica de la Argentina en el siglo XX*) intentan comprender la lógica de la economía argentina y sobre todo su interrelación con el factor político, el papel del Estado en sus diversas y contradictorias fases; el hecho de que esté surcada por crisis y retrocesos que, al mismo tiempo, son reveladoras de una asombrosa potencialidad.[13]

Estos autores muestran que la inversión extranjera en la Argentina era 42% del total de las realizadas en América Latina en 1914. La deuda pública ascendía a un tercio de la del total del hemisferio; el PBI industrial (16% del producto) era mayor que el de México o el de Brasil; y la población alcanzaba a 8 millones de habitantes: se había duplicado desde 1895.

Sucedieron entonces dos acontecimientos que modificaron para siempre a la Argentina. Internamente: el sistema político cambió a partir de la Ley Sáenz Peña y el triunfo del radicalismo en 1916. Externamente, el mundo se modificó en sus raíces con la Primera Guerra Mundial.

Entre 1912 y 1917, el PBI se contrajo 8.1% anual (el PBI per cápita cayó 34%), un derrumbe superior al provocado por la depresión del 30 y el colapso de 2001-2002. En ese período, los salarios reales cayeron 40%; esta crisis se produjo cuando se transformaba el sistema político con el triunfo de Hipólito Yrigoyen y se profundizaba el conflicto social con extrema violencia (culminando luego en los hechos de Semana Trágica en enero de 1919).

También se disolvió la "relación especial con Gran Bretaña" y en su lugar surgió un triángulo económico y financiero entre la Argentina, EEUU. y el Reino Unido. La paradoja de esta nueva inserción internacional fue que la economía argentina no era complementaria con la de EEUU. sino profundamente competidora debido al carácter agrícola-ganadero de los dos países. Por eso, la Argentina tuvo un fuerte déficit con EEUU. y un enorme superávit con Gran Bretaña.

---

[13] Belini, Claudio, y Korol, Juan Carlos, *Historia económica de la Argentina en el siglo XX*, Buenos Aires, Siglo XXI Editores, 2012.

La depresión del '30 golpeó dramáticamente al país. Entre 1928 y 1932, los precios de sus exportaciones cayeron 64% y los términos de intercambio se hundieron 40%. En ese período, el PBI disminuyó 14% y las importaciones experimentaron un colapso de 55%.

En esos años surge un nuevo tipo de Estado, creado entre 1932 y 1935, que amplía extraordinariamente sus responsabilidades y, al mismo tiempo, debido al fraude imperante, lo sumerge en una crisis de legitimidad de excepcional envergadura.

Pinedo y Prebisch lanzan el *Plan de Reactivación Económica* de 1940, que prevé desarrollar la manufactura con la creación de nuevas industrias capaces no sólo de sustituir importaciones, sino también de exportar. El Plan tenía sustento en lo que ya estaba ocurriendo desde 1935. El PBI industrial superaba en 1938 al agro-ganadero, y los productos manufacturados alcanzaban al 20% de las exportaciones, sobre todo dirigidos a Brasil y EEUU.

El gobierno de Perón (1946-1955) impulsa en gran escala el desarrollo industrial. El número de fábricas y la fuerza motriz instalada aumenta en un 55%, y en 130% el porcentaje de trabajadores fabriles. Toda la producción industrial está volcada al mercado interno y depende de insumos, partes y tecnología foránea.

Entre 1945 y 1949 hubo un *boom* de consumo en la Argentina, con salarios reales que crecieron 62% y que a pesar de la inflación eran 50% más elevados en 1950 que en 1945. A partir de la década del 50, la crisis de la producción agrícola-ganadera se transformó en el principal obstáculo para el crecimiento económico y la causa mayor de la crisis del sector externo. Al mismo tiempo, la producción agrícola pampeana cayó más de 50%; este retroceso significó una involución.

En 1948 llegó la crisis, que por su magnitud y carácter sistémico, se transformaría en un punto de inflexión histórico. Entre 1948 y 1952 la capacidad de importación cayó 50%; y la carencia de divisas (déficit crónico de la balanza comercial) se transformó en la raíz estructural de la crisis argentina. Perón lo advierte e inicia un giro de 180 grados tanto en su estrategia económica como en su política exterior. El segundo Plan Quinquenal otorgaba prioridad a las inversiones económicas y las orientaba a impulsar las exportaciones agropecuarias. Después de 1948, la prioridad era lograr el autoabastecimiento petrolero. De ahí el contrato con la Standard Oil (California-Argentina).

Tras la crisis de 1948, el segundo punto de inflexión de la historia económica argentina sería el llamado "Rodrigazo" (1975).[14] Tras su fracaso, la economía se hundió en una profunda depresión que duraría casi dos décadas. Se produjo una verdadera explosión inflacionaria, con un incremento de 185% anual en 1975; la crisis del sector externo abrevió su secuencia y adquirió un carácter violento. Irrumpió cada 5 o 7 años, con una tasa de inflación promedio de 100% anual, que llegó a 400% en varios períodos. Se cerró así una etapa histórica en la economía argentina, que coincide con el agotamiento de la industrialización sustitutiva iniciada en 1935, y la irrupción de la globalización como fase particular de la acumulación capitalista.

A partir de entonces, los dilemas de la economía argentina se experimentan dentro del escenario de la globalización, porque no queda nada fuera de ella en el sistema mundial. "En el capitalismo, no hay nada particular fuera de lo general", dice Marx (*Grundrisse*).

La trayectoria económica de la Argentina es inseparable del papel del Estado, de su fuerza o debilidad política. La crisis política estatal ha impedido las necesarias transiciones de la economía argentina hacia la modernización (que implica industrialización competitiva)

---

[14] El ministro de Economía de Isabel Perón, Celestino Rodrigo, dispuso una devaluación de envergadura, y un ajuste proporcional de las tarifas de los servicios públicos. La respuesta fue la huelga general de la CGT.

e integración no dependiente con la economía mundial. A lo largo del siglo XX, esto último significó integración con Brasil y EEUU. Es lo que parece haberse resuelto en los últimos diez años, a través del crecimiento de las exportaciones agroalimentaria y la inserción internacional con los países asiáticos (China).

Por otro lado, en *Argentina 1910-2010* especialistas de primera categoría en sus respectivas disciplinas, reconstruyen en esta obra la especificidad de la trayectoria histórica del país y de su ubicación en el mundo.[15] Dice Pablo Gerchunoff: "Entre 1880 y 1913, la Argentina fue el país de mayor crecimiento de las exportaciones en el mundo", más que Estados Unidos; y "en 1895 se ingresó en una era de crecimiento que, literalmente, no tuvo parangón en el mundo (...) La exportación de lana fue el núcleo de la inserción de la Argentina en los flujos del comercio de la Revolución Industrial, antes del *boom* de los ferrocarriles".[16]

Luego siguieron las carnes, y por último los granos; y así la Argentina adquirió una inserción internacional –el marco en el que se despliegan los flujos del comercio y las inversiones– con lo más avanzado del capitalismo de su época: Gran Bretaña.

El Reino Unido fue el único país en el que se desarrollaba la Revolución Industrial que no cedió al proteccionismo, sobre todo en materia agrícola, a diferencia de lo que ocurrió con Alemania unificada a partir de 1870 y los Estados Unidos.

Por eso, la inserción internacional de la Argentina en el siglo XIX adquirió características de simbiosis con el Reino Unido y se convirtió, no en un exportador importante al mercado inglés, sino en algo más, el principal proveedor de alimentos de la Revolución Industrial

[15] Russell, Roberto (Ed.), *Argentina 1910-2010*. Buenos Aires, Aguilar, 2010.
[16] Ibíd.

británica, como advirtió H. S. Ferns, en su clásico *Argentina y Gran Bretaña en el siglo XIX*.[17]

Tras la Primera Guerra Mundial, la inserción internacional de la Argentina adquirió un carácter triangular, y al vínculo simbiótico ya establecido con Gran Bretaña se sumó Estados Unidos. Señala Gerchunoff que, a medida que la Argentina profundizaba su industrialización, más compraba de EEUU., el país que encabezaba en forma inequívoca el proceso de acumulación global a partir de la Primera Guerra Mundial, y que lideraba la Segunda Revolución Industrial (automotores, electricidad, plásticos).

Pero la Argentina le vendía poco a EEUU. (Menos de un tercio de sus exportaciones a Gran Bretaña) porque producía lo mismo, sobre todo en materia agroalimentaria. Así, cuando Europa, esto es Gran Bretaña, dejó de comprarle en 1932, la Argentina no tuvo mercado al que vender: **se quedó sin inserción internacional**. Esta es la situación en que se ha mantenido a lo largo de 70 años, hasta que, en los cinco años previos a la crisis mundial 2008-2009, y sobre todo en 2010, el nuevo eje de la demanda global (China / Asia) y la potencia exportadora de su sector agroalimentario, le otorgaron nuevamente, tras siete década de errancia, una inserción internacional definida.

El ministro de Agricultura, Luis Duhau, reconoció en 1933 lo que había ocurrido al volcarse Gran Bretaña al proteccionismo y establecer en el Acuerdo de Ottawa, el "régimen de preferencia imperiales" que excluía a la Argentina: "Ha concluido la etapa histórica de nuestro prodigioso desenvolvimiento bajo el estímulo directo de la economía europea (…) Somos demasiado pequeños en el conjunto del mundo para torcer las corrientes de la política económica mundial, mientras las nuevas potencias se empeñan en poner nuevas trabas al intercambio (…) A la industria le tocará pues resarcir a la econo-

---

[17] Ferns, H. S., *Gran Bretaña y Argentina en el siglo XIX*, Buenos Aires, Ediciones Solar, 1966.

mía nacional de las pérdidas incalculables que provienen de la brusca contracción de su comercio exterior".

Surgió entonces el "Plan Pinedo" (1940), elaborado por Federico Pinedo, entonces Ministro de Hacienda, y Raúl Prebisch, titular del Banco Central. El llamado "Plan Pinedo" tenía tres puntos fundamentales: una política de industrialización internacionalmente competitiva; la búsqueda de una alianza estratégica con EEUU.; y la integración con Brasil. Tras la extinción del triángulo previo (Argentina–Reino Unido-EEUU.) el "Plan Pinedo" implicaba la búsqueda de un nuevo triángulo de inserción internacional (Argentina–EEUU. –Brasil) y el esbozo de una política exterior acorde al mismo.

El primer ciclo de la política exterior argentina (1880-1930), en los términos de Roberto Russell, fue coherente con la estructura de inserción internacional entonces vigente. Cuatro fueron los rasgos de este primer ciclo: la afiliación a Europa, el rechazo a EEUU., el aislamiento respecto a América Latina y la defensa de la paz y del arbitraje para resolver los conflictos internacionales. Por eso, este primer ciclo de política exterior tuvo un amplio consenso que abarcó tanto al "orden conservador" como a los gobiernos radicales.

Tras el fracaso del "Plan Pinedo", el nacionalismo civil y militar adquirió un carácter hegemónico, primero en lo cultural y pronto en lo político. El resultado fue una aversión generalizada al comercio exterior y a la inversión extranjera directa, según advirtió Carlos Díaz Alejandro.

4.2. Innovación productiva agrícola y ganadera de la Pampa húmeda desde una perspectiva histórica

"Entre 1870 y 1913 la Argentina fue el país con mayor crecimiento del PBI per cápita a nivel mundial, con una tasa media anual de crecimiento compuesto de 2.50%, seguida por Canadá con el 2.2% y Estados Unidos con el 1.8%", dicen Barsky y Gelman.[18]

En ese contexto, "en 1913 las exportaciones argentinas eran de lejos las primeras de América Latina, con US$ 510.3 millones, que representaban el 32.1% del total, a pesar de tener sólo el 9.5% de los habitantes". En ese período también, "mientras el resto de los países de la región multiplicaba sus exportaciones por 7.3 veces, la Argentina lo hacía por 45.2".

Lo notable de las cifras del crecimiento y de las exportaciones argentinas en las últimas tres décadas del siglo XIX y la primera del siglo XX, es no sólo su extraordinaria diferencia con el resto de América Latina. También es que son similares a las de países como Australia, Nueva Zelandia y Canadá –las tierras nuevas de ocupación temprana– cuyo desarrollo recorre un fuerte paralelismo con la Argentina.

También fue excepcionalmente alto el crecimiento poblacional argentino: entre 1850 y 1912, la tasa de crecimiento demográfico ascendió a 3.1% anual, más del doble que la de América Latina (1.5%), y obra, fundamentalmente, de la inmigración europea masiva.

Entre 1869 y 1914 la población total de la Argentina pasó de 1.737.066 habitantes a 7.885.237 habitantes; y en ese crecimiento la inmigración europea representó 51.3%. Señalan Barsky y Gelman que "el porcentaje es mucho mayor si entre las mediciones censales se toman los argentinos que nacieron como hijos de inmigrantes dentro del período considerado".

Este auge poblacional significó también "una gran expansión absoluta de la población rural que pasó de 1.136.406 personas a 3.359.737",

---

[18] Barsky, Osvaldo y Gelman, Jorge, *Historia del agro argentino. Desde la Conquista hasta comienzos del Siglo XXI*, Buenos Aires, Sudamericana, 2009.

la mayor parte ubicada en la región pampeana. El papel de la Argentina en la economía mundial no sólo se revelaba por su crecimiento y exportaciones. Lo decisivo era su capacidad de atracción de inversión extranjera directa (IED), el flujo fundamental de la primera globalización del capitalismo, que tuvo lugar en 1873 y 1913. En 1914 registraba el 42.5% del total de inversión directa en América Latina, y atraía —ella sola— el 50% de la inversión británica en el mundo, más que la India.

Este extraordinario éxito histórico fue obra de la producción agroalimentaria. En 1871 sólo se realizaban pequeños embarques de trigo y harina hacia el Paraguay; y "en 1890 se exportaban 845.000 toneladas" a todo el mundo, en primer lugar a Europa. En 1914, las exportaciones argentinas de harina y trigo habían trepado a 4.604.000 toneladas.

Apareció allí la característica estratégica de la producción agroalimentaria argentina en el mercado mundial. El hecho de que la escasa población del país —y por ende el bajo consumo interno—, al cruzarse con una gran expansión de la producción, rápidamente colocó al país entre los primeros exportadores de granos (trigo, maíz, lino) del mundo. En el quinquenio 1909-1913 es el segundo exportador mundial de cereales después de Rusia, y deja atrás a EEUU. y Canadá. En 1907, la Argentina es el primer exportador mundial de trigo y el segundo hasta la Primera Guerra Mundial. En los cinco años que corren entre 1905 y 1909, la Argentina es la primera exportadora mundial de maíz, y mantendrá ese cetro varias décadas; y lo mismo ocurre con el lino.

El impacto de la inmigración europea —4 inmigrantes por cada argentino originario— se produjo sobre un amplio espacio vacío, la región pampeana; y creó allí, sin una estructura social preexistente o un pasado feudal, una nueva sociedad.

Por eso, la producción agrícola y ganadera de la Argentina, en la región pampeana, fue de elevado nivel tecnológico desde el comienzo: "los inmigrantes generaron un movimiento de progreso tecnológico más alto que el que se estaba verificando en países como Australia, Canadá o Nueva Zelandia".

"El modelo tecnológico general de la agricultura pampeana se volvió homogéneo paulatinamente. Los agricultores fueron adquiriendo una creciente destreza en el manejo de la maquinaria, que era el elemento más relevante de este patrón tecnológico". Junto a ella, "la difusión de semillas mejoradas impulsada por el aparato comercializador y los estados nacional y provincial, fue un segundo aspecto de este modelo básico, que los productores terminaron dominando", dicen Barsky y Gelman.

Esta dupla de la innovación productiva agrícola y ganadera de la Pampa húmeda –mecanización más semillas mejoradas– era totalmente privada. Participaban de esta avanzada tecnológica también las grandes unidades productivas. "El sistema de explotación extensiva (grandes estancias) no fue obstáculo para la inversión de capitales ni para profundos y admirablemente rápidos adelantos tecnológicos". Así las antiguas estancias de organización tradicional se convertirán en empresas rurales de alta capacidad y especialización productiva.

Carlos Díaz Alejandro[19] señala que la productividad del agro en la Argentina (productividad de la totalidad de los factores) fue superior a la de Estados Unidos entre 1900 y 1909 (91 vs. 85); levemente inferior entre 1910 y 1919 (81 vs. 85); volvió a crecer entre 1920 y 1929 (96 vs. 86); y alcanzó una paridad completa entre 1930 y 39 (96 vs. 96). Luego, en 1940, se produce una ruptura, y Estados Unidos se adelanta irreversiblemente.

---

[19] Díaz Alejandro, Carlos, *Essays on the Economic History of the Argentine Republic*, New Heaven & London, Yale University, 1970. La traducción es propia.

Agrega Díaz Alejandro: "En contraste con las estructuras dualistas propias del subdesarrollo, el sector rural mostró en la Argentina una productividad promedio superior a la manufactura industrial (…) Las actividades rurales de la zona pampeana eran tan capitalistas como las de Estados Unidos o Canadá".

El desarrollo agrícola y ganadero pronto adquirió características industriales. "En 1878 se instaló en el país la primera fábrica de maquinarias agrícolas, que al igual que las siguientes tienen su origen en los talleres que la reparaban". Son los propios productores agrícolas de la región pampeana, los que se transforman en industriales.

Todo esto ocurría mientras aumentaba continuamente la propiedad agropecuaria. "La gran dinámica del mercado rural de tierras y la creciente puesta en valor del agro, sumadas al mecanismo silencioso pero constante de la herencia, fueron las principales formas de división de las mayores unidades productivas, y marcaron el continuo aumento de la propiedad agropecuaria, fenómeno que se acentuarán en las décadas siguientes", precisan Barsky y Gelman. En un decenio 1905-1914 se vendieron 81.707.670 hectáreas de las 150.000.000 que se estimaban útiles en todo el país para la agricultura y la ganadería; y "más de la mitad de esas ventas correspondieron a la región pampeana".

La principal diferencia de la producción agrícola y ganadera en la Argentina con respecto a la de Australia, Canadá o Nueva Zelandia no estaba entonces ni en el nivel tecnológico, ni en la estructura productiva, ni en el tamaño de las unidades. El déficit agudo que experimentaba la Argentina en relación a sus competidoras era en el proceso de movilización de las cosechas, del campo a los puertos: caminos de tierras, falta de elevadores de campaña y puertos congestionados e insuficientes. Se estima que alrededor del 25% de las cosechas argentinas se perdía por estas deficiencias en su movilización.

El libro de Osvaldo Barsky y Jorge Gelman, imprescindible para comprender no sólo el desarrollo agroalimentario argentino, sino la misma historia del país, se centra –tras el análisis del período 1870-1913– en el examen del salto tecnológico y el cambio de la estructura agraria que se produce a partir de la década del 90.

Lo primero fue un aumento espectacular de los rendimientos productivos. "Entre 1990-1991 y 2006-2007, la producción de cereales y oleaginosas creció un 144.3%, una tasa directa de 9% anual. La producción de cereales y oleaginosas que promedió los 35 millones (de toneladas) durante la década del 80, en los noventa, al culminar la década, llegó a un total de 64.3 millones de toneladas". Así, en la campaña 2007-2008, superó los 96 millones de toneladas.

El motor decisivo de este proceso de cambio fue la expansión de la soja, casi inexistente en 1970, y que en la campaña 2007-2008 ocupó 16.141.337 hectáreas, y produjo 47.5 millones de toneladas (53% de la superficie cultivada y 54.4% del volumen producido).

También se modificó la estructura de la producción agraria, aunque no la de la propiedad. Surgieron unidades productivas de mayor tamaño con alta inversión de capital, sin que esto implicara una mayor concentración de la propiedad. Este es el factor fundamental que está detrás del *boom* de rendimiento, esto es, de productividad, de los últimos 15 años.

También se desarrolló una estructura social y económica de gran movilidad, "cuya dinámica acompañó la extraordinaria expansión productiva y regional, y constituye la causa (el sistema de actores)" de este crecimiento excepcional.

La concentración de las unidades productivas, sumado al salto tecnológico y al *boom* de rendimiento y productividad –más el desarrollo de una infraestructura de electricidad y telecomunicaciones en el interior del país– desató un proceso de reocupación del espacio rural, con la re-creación de pueblos y ciudades medias, muchos de ellos hasta ese momento prácticamente desaparecidos, dotados de una nueva y densa trama social.

La profundización de la especialización en esta nueva estructura productiva se manifestó a través de en un complejo sistema de contratos. El alto nivel de mecanización se ejerció por especialistas independientes (por cada 10 productores rurales apareció un contratista de maquinaria).

En este cuadro de innovación surgieron los pooles de siembra, convertidos en canales de atracción de capital para la producción agrícola y ganadera. Estos pooles, por definición, no invierten en la compra de tierras ni de maquinaria y subcontratan las tareas agrícolas. Por eso, invierten la totalidad de sus capitales en innovación tecnológica y producción en gran escala. Los pooles de siembra son unos 50 siembran 1.3 millones de hectáreas y facturan US$ 1.000 millones por año o más. Convertidos en eje de "un sistema de redes productivas de alta capacidad de gestión", se han extendido a Bolivia, Uruguay, Brasil y Colombia.

Capítulo 5

La desterritorialización como factor fundamental del nuevo agro argentino

5.1 El imperativo es bajar los costos, aumentar los rendimientos y asegurar la calidad

La productividad del agro argentino es la propia del capitalismo avanzado, en la que el tiempo le ha ganado la carrera al espacio, y en donde la producción se ha **desterritorializado**.

En el nuevo sistema, la producción tiene un solo objetivo: bajar los costos, aumentar los rendimientos, asegurar la calidad. Es un fenómeno capitalista en estado puro, en el que la ganancia, resultado de la innovación, toma la forma exclusiva de "plusvalía relativa".

También se descentraliza y desruraliza el reparto de la **renta agraria,** que se atribuye ahora a un sistema interactivo que integra agro/industria/servicios.

El nuevo agro ha alcanzado gran parte de su potencial en los últimos 10 años como respuesta al extraordinario incremento de la demanda chino-asiática, que se encuentra ahora sólo en su fase inicial.

5.2. Renta agraria y desterritorialización: Kautsky y los pooles de siembra

"El modo de producción capitalista se desarrolla en primer lugar en las ciudades y en la industria, con la excepción de los 'territorios de reciente colonización' (Australia, Nueva Zelandia, la Argentina), en que el desarrollo capitalista tuvo lugar en el agro, con una estructura de trabajo totalmente salarial, y una actividad productiva volcada desde el comienzo al mercado mundial", señala Kautsky.[20]

En este sentido, "la agricultura, al tornarse capitalista a través de su integración con la industria se ha convertido en la más revolucionaria de las formas de producción, hasta el punto de transformarse en un sistema científico que ensancha permanentemente el campo de sus investigaciones y el horizonte de sus conocimientos".[21]

"**La renta agraria**-dice Kautsky-**es la renta del suelo**". Es la que depende de la productividad de la superficie sembrada, por naturaleza desigual y estable.De ahí su nombre de "**renta diferencial**", porque depende de las condiciones naturales de los campos en que se produce, que son diferentes en cada suelo, y también de su ubicación (distancia) respecto a los grandes centros de transporte de los productos al mercado internacional.

Por eso, la "renta diferencial" de la Pampa Húmeda de la Argentina, una de las tres más fértiles del mundo, y ubicada a 300 kilómetros de puertos oceánicos (Buenos Aires, Rosario, Bahía Blanca), con clima

---

[20] Kautsky, Karl, *La cuestión agraria*, París, Ruedo Ibérico, 1970.
[21] *Ibíd.*, p. 110.

templado y abundantes lluvias, es probablemente la más elevada del mercado mundial.

El concepto de "renta diferencial" es inseparable del carácter capitalista de la producción agrícola, en tanto que el de "renta absoluta" surge exclusivamente de la propiedad privada del suelo, no de la capacidad productiva de su propietario. Nace sólo de su título de propiedad.

El agricultor –propietario-, eje de la producción del agro argentino antes de 1991, tenía una doble personalidad: en primer lugar como propietario territorial, y luego en su condición de empresario.

Este segundo rasgo estaba subordinado en la estructura previa a 1991 al primero, lo que implicaba que el agro argentino desarrollaba entonces un sistema de acumulación primordialmente territorial. Ahora, con el "nuevo agro", la renta agraria ("diferencial") se ha desterritorializado, y no surge ya de la producción territorial, sino de la interacción de los múltiples actores del sistema. De ahí que sea intensamente contractual, a través de la productividad de todos los factores (PTF), que ahora subordina a la renta estrictamente territorial.

5.3. Los Grobo: un caso de desterritorialización e inducción de cambios productivos desde la agricultura a la industria y los servicios

Los Grobo producían en 270.000 hectáreas de la Argentina en la temporada 2011/2012, sin ser propietarios de esas tierras, ni dueños de ningún tractor o maquinaria; y para explotar esta gigantesca superficie utilizaban un equipo de 200 personas, en su mayoría altamente calificada, mientras disponía de un capital de trabajo reducido al mínimo indispensable.[22]

---

[22] Ederer, Peer, "Los Grobo.Agribusiness Value Systems for the Future", Wageningen University, European Food and Agribusiness Seminar, 2013; Bell, David, Scott, Cintra, "Los Grobo: Farming's Future?", Harvard Business Review, Harvard University, 2010.

La empresa depende cada vez menos de la producción de granos, al convertirse en administradora y orientadora estratégica de diversas unidades de negocios ampliamente autónomas, entre ellas la comercialización, los servicios técnicos y gerenciales, la venta de insumos y el financiamiento.

La tendencia de desarrollo de la firma es nítida: se ha convertido crecientemente en una compañía de servicios altamente especializada, de alcance potencialmente global, que abarca también unidades productivas químico-industriales, de alta tecnología y rasgos esencialmente innovadores, como es el caso de Agrofina S.A., adquirida en 2013.

Gustavo Grobocopatel, director ejecutivo de la empresa, señala que "…operamos como una red de profesionales que ofrecen servicios para los productores y que generan valor para todos los integrantes de la red. (…) Nos consideramos como una cooperativa de la sociedad del conocimiento, y en esas condiciones, creadores de ecosistemas de negocios".

Los Grobo tienen 5 objetivos para profundizar su ecosistema de negocios: a)un Joint-venture con un grupo de empresas de alimentación de India, para vender en el subcontinente plantas leguminosas cultivadas en la Argentina; b)un Joint-venture con una empresa de alta tecnología de agricultura de precisión; c)la constitución de una firma consultora global sobre *know-how* agrícola; d)productos de alto valor agregado de molinos de trigo (harinas, pastas) o de molienda de soja, con marcas; e)instalación de una nueva plataforma de producción agrícola en América del Sur, que estaría situada en Colombia. La nueva frontera agrícola colombiana, tras la erradicación de las FARC y el narcotráfico, asciende a 20 millones de has.

Los Grobo se han transformado no sólo en una empresa de servicios de alta tecnología, sino también en integrante de la estructura industrial, y son propietarios de un molino de última generación tecnológica.

En 2004, crearon una sociedad de garantía recíproca (SGR) a través de la cual financian las actividades de operadores agrícolas de pequeña escala. Lo hacen mediante la constitución de un "fondo de riesgo" que garantiza préstamos otorgados por 18 entidades financieras de primera línea, entre ellas HSBC, Itaú y Santander.

También coordinan una red de logística en todo el país para el transporte de insumos y cosechas, en la que contratan todos los servicios con firmas especializadas. Asimismo impulsan la creación de empresas de alta tecnología, ante todo Bioceres, una firma de innovación especializada en biotecnología establecida en Rosario en 2002 por los Grobo y otros 200 productores agrícolas de primera línea.

Todo indica que el desarrollo estratégico de "Los Grobo" tiene un significado general, referido a la vinculación entre el "nuevo agro" y la estructura industrial y de servicios, en una proyección de 10/20 años. "Los Grobo" se transnacionalizan aceleradamente, y han recibido inversiones de importancia de fondos financieros internacionales. La compañía de inversiones *Pactual Capital Partners* de San Pablo, Brasil ha comprado recientemente 22% de las acciones de "Los Grobo".

Capítulo 6

La nueva revolución industrial
en el mundo avanzado

6.1 Se despliega todo el potencial de la "nueva revolución industrial"

El núcleo productivo de la globalización es el sistema integrado trasnacional de producción, cuyos actores son las empresas trasnacionales, y la inversión extranjera directa (IED) su principal medio de acción.

La inversión extranjera directa (IED) pasó de U$S 50.000 millones en 1980 a U$S 1,9 billones (millón de millones) en 2007, y de ese total 40% se dirige a proyectos manufactureros. Lo fundamental es que la IED ha salido de la tríada del capitalismo avanzado (EE.UU./UE/Japón), y se ha volcado en masa al mundo emergente, fundamentalmente después del ingreso de China a la Organización Mundial de Comercio (OMC) en 2001.

En esta manufactura global interconectada y súper intensiva se produce el fenómeno de la convergencia estructural de los países emergentes hacia los avanzados, a través del aumento del ingreso per cápita y del incremento de la productividad por encima de los niveles del país frontera del sistema, que es EE.UU. Esto sucede cuando se ha estandarizado la tecnología avanzada y son los mismos los requisitos de calidad en todo el sistema integrado de producción trasnacional. Este acontecimiento histórico coincide con la distribución en términos geográficos a lo largo de todo el sistema de los laboratorios de investigación de alta tecnología de las empresas trasnacionales.

Están instaladas en China ya 700 laboratorios de alta tecnología de las 100 principales trasnacionales del mundo, incluyendo a la totalidad de las firmas de alta tecnología, como Microsoft, Google, Cisco, Apple, entre otras, y en India se muestra una cifra semejante, que identifica la misma tendencia, aunque menor.

El papel de China es cada vez más significativo, no sólo en términos cuantitativos, en la manufactura interconectada y súper intensiva que caracterizan al actual sistema mundial. Ahora, como objetivo estratégico al servicio de esta tendencia de fondo, se ha propuesto sistemática la compra de firmas de maquinarias y alta tecnología avanzada, en EE.UU. pero, por ahora, primordialmente en Alemania.

Desaparece así la diferencia, inclusive en términos tecnológicos, entre la industria de los países avanzados y la de los emergentes; y la manufactura global es impulsada por una corriente avasalladora de homogeneización y calidad.

A diferencia de la primera Revolución Industrial (1780-1840), que fue un fenómeno esencialmente británico, este nuevo y revolucionario proceso productivo es un fenómeno global, que cuenta con tres protagonistas de avanzada: EE.UU., Alemania y la República Popular. Los científicos e investigadores de China ascendían a 1,5 millones en 2010, una cifra semejante a la de EE.UU.

En la medida en que se acelera el proceso de convergencia estructural, se produjo en el mundo avanzado una caída sistemática de la productividad, que cayó a 2% por año (fue 3,5% anual entre 1990 y 2000); y al mismo tiempo, la productividad/ingreso per cápita de los países emergentes, encabezados por China, comenzó a crecer 3,5% por año.

Esta convergencia es sinónimo de aceleración de la transnacionalización de la producción manufacturera mundial, lo que implica que el componente trasnacional en la industria del mundo, dejada atrás la "desindustrialización", sobre todo en los países emergentes, tiende a acentuarse significativa y acumulativamente.

Lo que está en marcha es un proceso que puede llevar 20/30 años, pero una vez completado, el mundo se embarcaría en una etapa posterior a la globalización, y entonces el sistema capitalista habría ingresado a lo que puede denominarse "postglobalización".

6.2. Innovación y productividad en la industria de alta tecnología estadounidense

La producción manufacturera norteamericana creció 3,1% en los primeros tres meses del año, con una expansión prevista de 4,1% en 2015; y su segmento de alta tecnología aumentó 6,8% en ese período, con una previsión de 8,4% el próximo año, que sería el piso del resto de la década. El sector manufacturero representa 9% del PBI y ocupa a 11,3 millones de trabajadores, de los cuales 4 millones se desempeñan en las líneas de montaje. Pero es responsable de 75% del gasto privado en investigación y desarrollo (I&D) y autor de 60% de las exportaciones.

Hay **un auténtico boom de productividad en la industria esta-dounidense** (+6% por año desde 2008), con un auge del producto del 30% **y una disminución similar de la fuerza de trabajo.**

En EE.UU. ocurre algo más que un salto de la productividad. Lo que ha acontecido es **una modificación hondamente disruptiva de la naturaleza del proceso de acumulación industrial**.
Ha emergido una "**nueva revolución industrial**" fundada en la completa digitalización de la manufactura y en la que más de la mitad de la tasa de inversión se realiza **en capitales intangibles (innovación científica/tecnológica/organizativa).**

El valor agregado (plusvalía) por trabajador ocupado ascendió en 2013 a US$ 68.156, y en la alta tecnología trepó a US$ 110.000, **los mayores valores de la historia norteamericana**. El ciclo de innovación estadounidense ofrece rasgos nítidos: las horas de trabajo por unidad de producto cayeron 30% en los últimos 10 años y el stock de equipos de alta tecnología aumentó 80% en ese período. **De ahí que la industria norteamericana se haya transformado en la avanzada de la productividad en el mundo.**

El punto de partida de la nueva revolución industrial habría ocurrido en 2005, con la aparición de una serie de innovaciones tecnológicas cuya fusión ha originado esta nueva fase del capitalismo industrial. Este cambio histórico se funda en los siguientes datos: **los costos de los equipos de computación caerían 95% en los próximos 20 años** y el costo de su almacenamiento se reduciría a **una centésima parte**, mientras que la capacidad de procesamiento de la información se multiplicaría por **un factor de 200.**

La "nueva revolución industrial" muestra ya algunos rasgos esenciales: **caen los costos laborales, hasta tornarse insignificantes en el horizonte (1% o quizás menos)** y se desvanece la categoría (teórica y práctica) de economía de escala, debido a que los costos de producción son los mismos para fabricar un producto o 100 millones.

También desaparece el aspecto marginal/cuantitativo de la estructura de costos, y esto se experimenta junto con una disminución excepcional en el largo plazo de los valores de la producción. Este cambio de naturaleza **está acompañado por una flexibilidad extraordinaria de los instrumentos de producción** y una capacidad igualmente superior de particularización de los productos.

La velocidad del ciclo de innovación en EE.UU parece haberse frenado en los últimos 10 años medido, entre otros rubros, por la disminución del número de patentes aprobadas por el gobierno (-18%) y la caída de la tasa de surgimiento de nuevas empresas, ante todo pequeñas y medianas (-20%).

La excepción es la industria de alta tecnología (*hightech*), cuyo dinamismo innovador, verdaderamente excepcional, la ha colocado a la cabeza del proceso de acumulación norteamericano y global.

La aceleración de la *"hightech"* es de tal envergadura que en vez de ser la excepción es probable que sea una nueva regla, o incluso se haya convertido en la punta de lanza de una reinvención de la civilización estadounidense.

El freno al proceso de innovación se nota ante todo en la producción agrícola y en la ciencia vinculada (biotecnología). La "revolución verde" aumentó los rendimientos por hectárea en 126% entre 1950 y 1980; y desde entonces – tres décadas – han mejorado sólo 47%.

Las raíces de los grandes ciclos de innovación no son solo tecnológicas, sino también culturales. Expresan una época, una forma de ver las cosas y una determinada aproximación racional. La época actual

–últimos 30 años– es la de la razón instrumental, denominada científica o experimental.

En la tecnología de la información – el mundo de Steve Jobs, Bill Gates, Mark Zuckerberg – se ha desatado una nueva revolución tecnológica en los últimos cinco años, que ha dado origen, a través de un verdadero espasmo de creatividad, a un sistema global hiperconectado, fundado en una instantaneidad convergente y personalizada (Facebook), el mayor cambio desde el surgimiento de Internet y las computadoras personales (décadas del '80 y '90).

Esta nueva revolución tecnológica ha provocado un auge extraordinario de la productividad, ante todo en la industria manufacturera, en la que ha aumentado más de 20% desde 2007.

El salto de productividad manufacturera ha sido tan excepcional que ahora la principal restricción para crecer es la falta de trabajadores suficientemente calificados para ocupar los puestos de trabajo que se han creado después de 2009. La Asociación Nacional Manufacturera (NAM) informó durante 2012 la existencia de 600.000 puestos de trabajo sin ocupar, debido a la carencia de trabajadores calificados en el mercado.

El salto tecnológico ha quebrado el vínculo entre creación de valor y aumento del empleo. Por eso la tasa de desocupación no solo es alta, sino crecientemente estructural.

También se profundiza la desigualdad, a medida que la productividad aumenta y con ella las remuneraciones de los sectores más calificados. El 1% de los hogares colocados en la cúspide de la pirámide social obtuvo 65% del ingreso de la economía estadounidense desde 2002, y el 0,01% de más arriba –14.588 familias– dobló su porcentaje del PBI per cápita, que pasó de 3% a 6% entre 1995 y 2007.

La búsqueda incesante de reducción de costos ha abierto un camino desconocido y aparentemente sin límites al conocimiento y a la capacidad creadora, pero la fuerza de trabajo se retrasa cada vez más, y se sumerge en la desocupación y en la desigualdad.

Steve Jobs, antes que un tecnólogo fue un extraordinario emprendedor, carente de convencionalismos y lugares comunes, y solo ortodoxo de su concepción de la vida y de las cosas. Su genialidad emprendedora surgía de una visión post-razón instrumental. Era un budista global y holístico, para el cual había una unidad absoluta de forma y contenido, de belleza y eficacia, de arte y tecnología.

Quizás el núcleo social de la nueva revolución tecnológica no está ya en el trabajo ni en el capital, y menos en los niveles gerenciales y burocráticos de las grandes organizaciones, dominados por la razón instrumental. Es probable que esté constituido por los micro-emprendedores globales de alta tecnología, que desde un garaje parten a la conquista del mundo.

6.3. La estrategia de desarrollo industrial de la Argentina en el siglo XXI es inseparable de la "nueva revolución industrial"

Una estrategia de desarrollo industrial en la Argentina en el siglo XXI es inseparable de las condiciones en que se desarrolla la manufactura en el sistema mundial, que es el que establece las condiciones de su realización, y fija el marco de lo posible y lo imposible.

Ha terminado el período de "desindustrialización" de la manufactura mundial que se desató en la década del '70, y en su lugar ha comenzado un nuevo ciclo de producción manufacturera, fundado en la alta tecnología y de alcance global, con epicentro en EE.UU.

El resultado es que el PBI industrial crece por encima del producto en la economía mundial, sobre todo a partir de 2008 (6% vs. 2,5% por año); y la recuperación adelanta una transformación de fondo –una nueva forma de producir-, que indica el surgimiento de una "nueva revolución industrial".

El proceso de desindustrialización de la economía mundial se desarrolló según los siguientes pasos: la proporción de la manufactura sobre el PBI global cayó de 24,1% en 1980 a 17,6% en 2010, lo que implicó una pérdida de más de 30% en tres décadas.[23]

En EE.UU. y Alemania –los dos principales países del mundo capitalista avanzado- el fenómeno de la "desindustrialización" implicó una disminución del PBI industrial de 20,7% a 11,8% en el primero, mientras que representó una caída de 37,3% a 20,8% en la segunda. La República Federal mantuvo y profundizó la superioridad industrial que la ha caracterizado desde la unificación en 1870, sustentada en la manufactura de alta tecnología y la más elevada calidad, y en la fabricación de maquinaria pesada, encabezada por la industria automotriz, la más competitiva del mundo.

La República Federal sustenta su trama industrial en el fenómeno único de la densa red de pequeñas y medianas empresas extraordinariamente competitivas de las *Mittelstatdt*, muchas de ellas en condiciones de liderazgo de sus nichos de producción de alcance global.

En la región Asia Pacífico, el proceso de "desindustrialización" experimentó un significado menor, con una disminución del PBI industrial de sólo -2,5%, y pasó de 26,8% del producto en 1980 a 24,3% en 2010.

---

[23] Marsh, Peter, The new industrial revolution: consumers, globalization and the end of mass production, Yale University Press, New Haven and London, 2012.

A partir de la década del '70, el crecimiento industrial de los países asiáticos fue el único que tuvo lugar en el mundo en desarrollo, en condiciones de convergencia (tecnológica y de productividad) con los países avanzados, lo que ocurrió a través de la recuperación de la economía japonesa después de la Segunda Guerra Mundial, y en especial desde la aparición de los Cuatro Pequeños Dragones de Asia (Corea del Sur, Taiwán, Hong Kong y Singapur), hasta culminar con la irrupción de China –el Gran Dragón- a partir de 1978, lo que ha llevado a su posterior conversión en la primera potencia manufacturera del mundo.

En términos históricos, el fenómeno de la "desindustrialización" como aspecto característico de la acumulación capitalista del siglo XX provino esencialmente del mundo avanzado, sobre todo de los dos principales países manufactureros: EE.UU. y Alemania.

En las dos décadas finales del siglo XX, la "desindustrialización" reveló un cambio estructural de fondo, de raíz tecnológica, del sistema productivo global, que abarcó a las cadenas integradas globales de producción, núcleo estructural del capitalismo en el siglo XXI, encabezado por las empresas trasnacionales.

A partir de la crisis de la década del '70 y de la gran reestructuración productiva que fue su consecuencia, la producción industrial masiva, característica de la segunda revolución industrial, definida por sus altos volúmenes de productos estandarizados, se tornó crecientemente flexible y capaz de producir bienes diferenciados en líneas reducidas, cada vez más personalizadas.

Este proceso fue estudiado por la "Escuela Regulacionista"de Robert-Boyer, e implicó el abandono de los métodos taylorianos en el campo del trabajo industrial. A partir de entonces, la industria manufacturera comenzó a unir una capacidad de producción artesanal, propia de la etapa previa al consumo masivo, con las necesidades personalizadas de un consumidor altamente sofisticado, a los que combinó con los estándares y los requisitos de la producción en masa, propios de la segunda revolución industrial.

Este es el sustento tecnológico y económico de la "nueva revolución industrial". Al mismo tiempo –y este es un punto especialmente subrayado por Alan Greenspan como rasgo propio del capitalismo avanzado en la etapa final del siglo XX–, el principal efecto económico de la revolución tecnológica del procesamiento de la información ha sido la virtual desaparición de la necesidad de mantener grandes stocks de equipos de repuestos, debido a la completa integración, en tiempo real, de las capacidades y necesidades de proveedores, clientes y plantas de producción.[24]

De ahí que haya caído verticalmente la estructura de costos industriales, y ha aumentado, correlativamente, la productividad de todos los factores de la producción, como consecuencia de la aplicación en gran escala de sistemas de control e información automatizados, que funcionan en tiempo real.

Este proceso histórico de adecuación industrial que realiza la manufactura en el mundo ofrece así una doble dimensión de flexibilización y personalización al mismo tiempo, que culminó con la irrupción de la producción industrial personalizada en los últimos 10 años, convertida en el eje de la "nueva revolución industrial".

Esta nueva fase de la acumulación capitalista es encabezada por el desarrollo de las estrategias de clientelización de las líneas de montaje, realizadas por la empresa líder de la industria automotriz japonesa (Toyota), hasta dar origen a una forma de producir cada vez más flexible, con rasgos de paradigma global (*toyotismo*).

---

[24] Greenspan, Alan, *The Age of Turbulence: Adventures in a New World*, New York, Penguin Press, 2007.

El cruce de estas dos tendencias –capacidad de producción personalizada y en pequeñas series diferenciales, sumada a la flexibilización extrema del *toyotismo*–es lo que ha desatado, en términos estructurales, la "nueva revolución industrial".

Las empresas que han surgido para encarnar este nuevo paradigma productivo son tanto firmas manufactureras como compañías de información de alta tecnología; y tienden por necesidad a especializarse en la provisión de nichos altamente diferenciados, drásticamente novedosos, de la economía mundial.

La nueva estructura de producción industrial ha surgido históricamente como un derivado de la revolución tecnológica de la "nube" (*cloudcomputing*), convertida en la plataforma global de computación, en la que el acceso a su extraordinaria capacidad de procesamiento y almacenamiento de la información (*stocking*) tiende a adquirir un costo cero.[25]

Esto provoca una disrupción en gran escala del proceso productivo y la aparición de bienes de capital hasta ahora desconocidos y de un extraordinario potencial, que obligan a revisar la totalidad del sistema industrial.

Así han surgido las nuevas máquinas –herramientas de la manufactura adictiva, las denominadas planchas de impresión de tres dimensiones (3D), capaces de producir complejas y resistentes piezas de plástico o de metal, a través de procesos y diseños virtuales, controlados, y hasta pensados, por equipos de computación inteligentes.

---

[25] Buyyaa, Rajkumar, Yeoa, Chee Shin,Venugopala,Srikumar, Broberga, James, Brandicc, Ivona, "Cloud computing and emerging IT platforms: Vision, hype, and reality for delivering computing as the 5th utility", Future Generation Computer Systems, Volume 25, Issue 6, June 2009, pp. 599–616; Zhang, Qi, Cheng, Lu, Boutaba, Raouf, "Cloud computing: state-of-the-art and research challenges", Journal of Internet Services and Applications, Volume 1, Issue 1, May 2010, pp. 7-18; Etro, Federico, "The Economic Impact of Cloud Computing on Business Creation, Employment and Output in Europe. An application of the Endogenous Market Structures Approach to a GPT innovation", Review of Business and Economics, Leuven University, 2009: 2, pp. 179-208; Kshetri, Nir, "Cloud Computing in Developing Economies", IEEE Computer, October 43(10), 2010, pp. 47-55.

Las 3D construyen piso por piso una pieza de sólido plástico o metal, que utilizan para su diseño rayos láser de alta precisión, transmitidos virtualmente. Estos bienes virtualmente creados, y los múltiples productos que de ellos se derivan, se construyen a pedido del comprador y tienden por su naturaleza a ser únicos, o al menos altamente diferenciados.

La utilización en gran escala de los bienes de equipo y de producción 3D, así como el de otras máquinas-herramientas novedosas y cada vez más sofisticadas, abre una era inédita de personalización productiva en masa, que es la expresión en el plano de la industria manufacturera mundial de la "nueva revolución industrial".

Esta modifica la naturaleza de las cadenas de valor manufactureras, que se tornan más densas, complejas y veloces en su tramitación; y en ellas, la incorporación de valor agregado se manifiesta en la medida, y a través, de su creciente diferenciación y complejidad tecnológica.

Por eso es que crece exponencialmente la fragmentación de las actividades productivas a escala global, y la división internacional del trabajo alcanza una nueva dimensión histórica, con la multiplicación de la productividad de todos los factores, y el sistema adquiere un nivel de intensificación cualitativamente superior.

6.4. Fin de la economía de escala y del costo marginal

La "nueva revolución industrial" implica la completa digitalización de la manufactura; y también la desaparición de la economía de escala, y de la idea de que los costos de producción disminuyen a medida que aumenta el valor agregado, medido en forma marginal.[26]

Ahora los costos de producción, en este nuevo paradigma productivo,

---

[26] The Economist, "A third industrial revolution", Special report, 21/04/2012

son los mismos, ya sea que se trate de un producto, o de 10/50 millones. El aspecto cuantitativo/marginal del proceso de acumulación tiende a desaparecer en la "nueva revolución industrial".

Su lugar lo ocupa un rasgo cualitativo, potencialmente infinitesimal, que replantea la estructura de costos del sistema capitalista y lo hace a escala global.

Este proceso de desvanecimiento conceptual y práctico de la economía de escala y del costo marginal, está acompañado por una flexibilidad y una capacidad de particularización (respuesta a las necesidades de clientes individuales ubicados en cualquier parte del planeta), históricamente superiores alos de las anteriores fases de la producción manufacturera.

Hay una relocalización de la capacidad productiva de la industria, que redescubre las habilidades intransferibles del artesanado medieval, sólo que en las condiciones de la alta tecnología y la globalización avanzada.

Relocalización y globalización (producción transnacional) se transforman en sinónimos desde el punto de vista productivo. El resultado es un salto de productividad en la factoría global, que al ser completamente digitalizada, es esencialmente virtual; y como tal, su núcleo histórico está más cerca del mundo de la mente que del hábito ruidoso de hacer cosas, como ocurríaen las anteriores revoluciones industriales.

La planta automotriz de Nissan en Gran Bretaña es la más productiva del sistema mundial.En 1999, produjo 271.157 unidades con 4.594 operarios, y en 2013 fabricó 480.485 automotores con un plantel de 5.462 trabajadores.

Los primeros costos que caen en la "nueva revolución industrial" son los laborales, hasta tornarse en virtualmente insignificantes.Los costos de producción de la industria automotriz de avanzada –alemana, británica, japonesa- son hoy 4%/5% del total; y con su digitalización completa, que puede ocurrir en los próximos 10 años, serían 1% o menos.

No se trata de un fenómeno contable de carácter visual. Lo que significa es que en la ecuación fundadora del sistema (capital/trabajo) desaparece la segunda a la espera de que también lo haga la primera, al ser suplantada por el conocimiento, tal como lo previera Marx en los *Grundrisse*.[27]

Todo indica que el capitalismo deja de ser en el siglo XXI el sistema fundado en el capital, y su lugar lo ocupa la "inteligencia colectiva", en que la iniciativa y la creatividad humanas –irremplazables- se unen a las "máquinas inteligentes" para impulsar el proceso de acumulación, capaces de visión de conjunto y de "sentir" si algo no funciona en cualquier extremo de la cadena de producción, situada en los 4 puntos cardinales del planeta, en forma instantánea.

El próximo paso, que ya está a la vista, es la suplantación de las máquinas por microorganismos genéticamente producidos por la combinación de la ingeniería de avanzada con el redescubrimiento de la biología como la ciencia de la época, y por lo tanto la subordinación del proceso productivo a la lógica de la vida.

Este proceso en marcha es hondamente disruptivo de todas las actividades manufactureras, y en especial de las grandes empresas transnacionales, poseedoras de las principales marcas.

Junto a la economía de escala, también cae el costo de ingresar en

---

[27] Marx, Karl, *Elementos fundamentales para la Crítica de la economía política* (Grundrisse), 1857-1858, México, Fondo de Cultura Económica, 2001.

una actividad manufacturera determinada, porque esta particularidad coincide —y probablemente sea su causa- con una disminución del costo del capital a los menores niveles de la historia del capitalismo.

Hay que prever que la "nueva revolución industrial" se realiza mediante el surgimiento en gran escala de nuevas industrias. El desarrollo económico en el capitalismo se produce por saltos, no de manera paulatina y meramente pausada. Exige la aparición de nuevas industrias, que son sinónimo de cambios estructurales y organizativos de raíz tecnológica. No basta con el aumento puramente cuantitativo del valor agregado o la mayor complejidad tecnológica en las actividades ya existentes.

La lógica de acumulación capitalista ya había sido advertida por Joseph A. Schumpeter, y ha sido retomada en nuestra época por la teoría de Ricardo Hausmann sobre los "espacios de producción".[28]

Las nuevas industrias, dice Hausmann, surgen a partir de los "espacios de producción" ya existentes, que disponen de equipos y habilidades forjadas a lo largo del tiempo y de una experiencia común de trabajo en una determinada superficie o espacio local, regional, o nacional. De ahí la importancia de la rica historia de la industria manufacturera en la Argentina, surgida a partir de 1880.

Este fenómeno ha sido formulado en lo sustancial por Schumpeter cuando señaló que el desarrollo económico es "... un proceso auto inducido de absorción y despliegue de sucesivas revoluciones tecnológicas" que se encarnan en nuevas actividades económicas o industrias.[29]

---

[28] Hausmann, Ricardo; Hidalgo, César; Klinger, B. y Barabasi, A., "The Product Space Conditions the Development of Nations", *Science*, July 2007; y Hausmann, Ricardo y Hidalgo, César A., "The Network Structure of Economic Output", Journal of Economic Growth, 16, 2011, pp. 309-342.

[29] Schumpeter, Joseph, op. cit.

Peter Marsh sostiene que la "nueva revolución industrial" surgió hacia 2005, y que probablemente durará 40/60 años, según sus antecedentes históricos. Señala que son 7 sus rasgos principales[30]:

- La convergencia de nuevas y diferentes tecnologías, de la que surgen los nuevos materiales, la automatización y la bioeconomía;
- La creciente fragmentación de la industria manufacturera en nichos altamente especializados y de elevada productividad que se desarrollan globalmente;
- Correlativamente, tiene lugar una creciente personalización de la producción, que es lo contrario de la producción en masa con estándares indiferenciados;
- La creación de complejas redes globales que procesan y transmiten nuevas formas de pensamiento e ideas que sustentan, con su carácter holístico e integrado, el proceso de convergencia y mezcla de tecnología;
- La producción industrial en la fase de la globalización tiene por definición un carácter transnacional, pero tiende espacialmente a concentrarse en determinadas áreas geográficas donde se especializa y complementa en gran escala (*clusters*);
- El papel de China, que es una categoría aparte en el desarrollo capitalista de la época, y que cumple un rol fundamental en el impulso a la "nueva revolución industrial";
- Por último, una distinta vinculación entre la lógica "liviana" (menos materia prima intensiva) y "virtual" de la "nueva revolución industrial", que establecen una relación cualitativamente diferente con la naturaleza y por lo tanto se separan de la lógica que impulsa el calentamiento de la atmósfera o "cambio climático".

---

[30] Marsh, Peter, "The new industrial revolution", The Global Journal, Geneva/New York, 28/06/2013.

6.5. *La industria automotriz mundial y el desafío de la contaminación. La industria alemana y el cambio de la matriz energética*

Alemania es la mayor potencia manufacturera del mundo, sobre todo en bienes de equipo y de capital de alta tecnología (máquinas-herramientas), y posee el más amplio superávit de cuenta corriente (US$ 260.000 millones en 2013), en relación a la población (82 millones de habitantes) y al producto (US$ 3,6 billones).

Ahora, la República Federal ha decidido transformar su estructura energética y pasar de los combustibles fósiles a los renovables, y recortar en 40% las emisiones de dióxido de carbono (CO_2) -principal causa del cambio climático- en 2020, hasta alcanzar un porcentaje de 80% en 2050. El gobierno de Ángela Merkel resolvió en 2011 (desastre de Fukushima/Japón) adelantar el cronograma, y dispuso el cierre inmediato de 8 plantas nucleares y la clausura de las 9 remanentes en 2022. Estas usinas proveen 20% de la energía de aquel país.

La nueva estructura energética requiere inversiones por US$ 125.000 millones, que pueden trepar a US$ 250.000 millones en los próximos 20 años (3,5%/7% del PBI). Hay que sumarles US$ 60.000 millones por la clausura de las 17 plantas nucleares y la disposición de sus residuos. Es el más grande experimento energético de la historia.

La primera potencia industrial del planeta aspira a transformar la totalidad de su estructura energética sin perder competitividad; y lleva a cabo este desafío cuando su demanda energética crecería 30% hasta 2050.

El capitalismo es un modo de producción en que capital y fuerza de trabajo constituyen una unidad denominada acumulación o reproducción ampliada. A partir de la Revolución Industrial (1780-1840), la acumulación se funda en una determinada matriz energética de carácter endógeno respecto a los otros factores. Si se modifica uno, cambian los tres.

La estrategia de la RFA prevé que la reducción de 80% de CO2 en 2050 coincida con una disminución del consumo de energía de 50% por unidad de producto. La industria alemana debe recortar a la mitad su contenido energético-intensivo. No se trata de una modificación cuantitativa, sino de un cambio de naturaleza.

El objetivo es transformar a cientos de miles de fuentes energéticas -solar, marítima, eólica- en una sola y gigantesca red automatizada, que vincula la demanda fluctuante y la oferta más fluctuante todavía de la primera potencia industrial del planeta.

Las energías alternativas sólo pueden competir si sus costos de producción se aproximan a los de los combustibles fósiles. Por eso la productividad energética debe aumentar 2,1% anual en los próximos 40 años, en forma acumulada. La República Federal importa 75% de los combustibles que consume: 97% del petróleo crudo, 90% del gas natural y 60% del carbón; y esta dependencia se acentuará. Por eso el programa alemán tiene una dimensión necesariamente global.

Si Alemania se impone, fija las pautas de la energía mundial en el resto del siglo XXI. Sería un caso de hegemonía alemana en el mundo. La República Federal avanza en un terreno desconocido y aumenta la incertidumbre. Para reducirla, eleva sistemáticamente el gasto en desarrollo científico y tecnológico (I&D), con una inversión de U$S 4.500 millones hasta 2015, que se multiplica por 2/3 en los siguientes 10 años.

El resultado de esta revolución energética no sólo sería una nueva forma de energía menos contaminante, sino una producción manufacturera con menor contenido de intensidad energética por unidad de producto. Tendría costos más reducidos, sería más liviana y estaría dotada de un mayor capital intelectual.

Si la República Federal logra sus objetivos es una cuestión secundaria. Lo importante es la magnitud del desafío. Los procesos históricos son más relevantes y ricos que sus resultados. Ángela Merkel, al cerrar la totalidad de las usinas nucleares, ha quitado la red en su espectacular tentativa. Ha quemado las naves, condición para conquistar imperios.

6.6. La visión alemana de la "nueva revolución industrial" (Industrie 4.0)

Las empresas manufactureras alemanas de alta tecnología prevén que la "nueva revolución industrial" se presentará como un conjunto de factorías inteligentes, organizadas en forma de *clusters* o redes, completamente digitalizadas, que se conectarán a través de Internet (sobre todo del Internet móvil o smartphones), a través de lo que se denomina Internet de las cosas/*Internet of things*.[31]

Así, según la primera potencia exportadora manufacturera mundial, surge un sistema de producción industrial personalizado a escala global, en forma de nichos altamente especializados. En la "nueva revolución industrial" (NRI), la totalidad es mayor que la suma de sus partes, y su sentido unificado como fenómeno particular de la historia del capitalismo, se expresa en una ecuación de dos términos: **personalización de la producción/ nichos especializados totalmente digitalizados de alcance global**.

En términos tecnológicos, la "nueva revolución industrial" es consecuencia de la emergencia de la nueva fase de revolución tecnológica

---

[31] Communication Promoters Group of the Industry-Science, Recommendations for implementing the strategic initiative Industrie 4.0, Final report of the Industrie 4.0 Working Group, Berlin, 2013.

del procesamiento de la información, "la nube" o *cloudcomputing*, que es una plataforma global de computación en que se instalan infinidad (en un sentido estricto y no metafórico) de nichos productivos especializados, que carecen prácticamente de costo económico para acceder a ella.

En estos nichos globales altamente especializados, de "la nube", el procesamiento de la información es lo que permite vincular los elementos hasta ahora aislados de la cadena de producción, y hacerlo además en tiempo real, con un carácter holístico.

La Academia de Ingeniería de Alemania estima que "la nueva revolución industrial puede implicar un aumento de 30%en la productividad industrial manufacturera, para alcanzar incrementos mayores en las pequeñas series, quizás 40%/50%".

Las factorías inteligentes- dice Industrie 4.0-, utilizan una aproximación completamente diferente de la producción; y esta se vincula a través de redes verticalmente integradas con los procesos industriales internos de cada planta y empresa, mientras se conectan horizontalmente con las redes dispersas de valor, y todas estas ligazones se realizan en tiempo real. Así, los procesos de ingeniería tienen lugar a través de toda la cadena de valor, sin excepción, y usualmente a escala global.

Lo fundamental, según Industrie 4.0, es que el sistema de factorías inteligentes posibilita ganancias de eficiencia y de productividad en todos los recursos utilizados en la cadena global de valor, tomando en cuenta los factores ambientales, sociales y demográficos en el curso de su procesamiento.

Capítulo 7

Reconversión de la industria argentina en el contexto de la nueva revolución industrial. Papel crucial de la explotación del *shale gas* en Vaca Muerta para la nueva estrategia de desarrollo industrial

7.1. La estructura industrial argentina: desarticulación y heterogeneidad

La estructura industrial argentina está profundamente desarticulada, y se funda en una honda heterogeneidad. Hay dos sectores fundamentales: por un lado, un grupo reducido de unas 400 grandes empresas nacionales y extranjeras que tienen niveles de eficiencia y productividad equiparables a las más avanzadas del sistema mundial.

Este núcleo está presente en todo el entramado productivo, y predominan en él las firmas vinculadas con la extracción y procesamiento de materias primas en las ramas productoras de recursos básicos, que son las que poseen ventajas comparativas surgidas de la dotación de recursos del país.

En segundo lugar, se encuentra el resto del sistema industrial, que son unas 25.000 empresas, si se deja de lado a los micro emprendimientos. Este sector está en general alejado de la frontera tecnológica global, tiene una escala de producción reducida y escasos niveles de especialización.

A partir de la década del '90, ingresa en gran escala la inversión directa de las empresas transnacionales, que reconfigura profunda e irreversiblemente la estructura industrial argentina. La modificación tiene lugar sobre todo en los sectores más competitivos, y las firmas transnacionales se convierten en las de mayor dinamismo y capacidad de innovación del país.[32]

La estructura industrial argentina, encabezada por el espacio competitivo de las 400 grandes empresas, se enfrenta al desafío de la competencia internacionala partir de la década del '90.

La respuesta a este desafío muestra una serie de rasgos comunesen el sector más avanzado: especialización en un conjunto reducido de actividades; expansión hacia terceros mercados, en la búsqueda del aprovechamiento de las ventajas comparativas del país (recursos naturales); por último, escasa presencia en los sectores internacionalmente más dinámicos de la economía global, basados en el conocimiento científico y tecnológico.

Este sector ha comenzado a realizar inversiones directas en el exterior, en algunos casos en gran escala (Techint), con el objetivo de alcanzar un liderazgo global o regional en segmentos específicos de su actividad.

---

[32] Kulfas, Matías, Porta, Fernando, Ramos, Adrián, Inversión extranjera y empresas transnacionales en la economía argentina, Oficina de la CEPAL en Buenos Aires, Buenos Aires, setiembre de 2002; Jozami, Eduardo y Lefrancois, Fabien, "Las empresas transnacionales en la Argentina", documentos FOCO, s/f.

Es evidente que este desafío de competitividad obliga a avanzar hacia una producción de bienes cada vez más "diferenciados", con mayor valor agregado; y también a articularse en redes productivas (*clusters*), capaces de brindas una masa crítica a la potencia exportadora.

Por último, y como parte de este proceso de reconversión, surge como prioritaria una política de mayor calificación del capital humano y de creación deliberada de un sistema de innovación nacional.

La industria argentina ha creado en los últimos 30 años varias plantas de producción de insumos internacionales, de escala global, en los sectores siderúrgico, petroquímico y aluminio. Esta es una novedad fundamental que ha incrementado cualitativamente la dotación de factores de la producción argentina y también su relevancia internacional.

Se ha convertido en un nuevo punto de partida como plataforma productiva, que permite avanzar en la escala del progreso técnico, el valor agregado y la calificación de la fuerza de trabajo, y así orientarse, a través de la producción de bienes cada vez más diferenciados y especializados, hacia el logro de nichos globales, con marcas propias, internacionalmente reconocidas.

7.2. La revolución del shale gas

El mundo consume 15 terawatts de energía por año. Cada terawatt/TW es igual a un trillón de watts (10^9 watts) y también a mil gigawatts. Un gigawatts representa la capacidad de generación de una usina eléctrica basada en el carbón, o tres veces el poder de generación de la más grande usina nuclear del mundo.

El consumo energético mundial tiene un valor de 6 billones de dólares (precios 2007); a grandes trazos, es 10% del PBI global (65.8

billones de dólares)[33]. La Agencia Internacional de Energía (AIE) prevé que el consumo mundial de petróleo se incrementará 70% en 2050. Ascendería entonces a 140 millones de barriles diarios. Hoy el consumo mundial es 82 millones de barriles/día.

AIE presume que el PBI combinado de China e India será diez veces superior al actual en cuatro décadas (capacidad de compra doméstica / PPP); y la economía mundial se multiplicaría por cuatro para entonces. Si esta tendencia básica se verifica, en 2050 la demanda china de crudo requeriría cuatro veces el total de las exportaciones petroleras de Arabia Saudita en 2007/2008.

Más allá de estas variaciones, el consenso (AIE) es que el mundo ha ingresado en una etapa histórica de niveles "anormalmente altos" del precio del petróleo. Esta anomalía no tiene un carácter cíclico o coyuntural; ni tampoco responde a restricciones por el lado de la oferta provocadas por causas geopolíticas o razones conflictivas (guerras). Todo lo contrario: es consecuencia del crecimiento extraordinario de la demanda energética asiática (China e India), que arrastran el auge de la economía mundial.

El consumo mundial (15 terawatts, que se multiplica por dos en 2050, y que en más de un 90% es combustible de origen fósil) es insostenible en términos ambientales y energéticos. La matriz energética tiene ahora los mayores precios de la historia del capitalismo, y es insostenible en términos ambientales y de provisión de energía. Pero no hay forma de frenar el crecimiento de la economía mundial para adecuarlo a los límites de la matriz energética. Crece empujada por factores estructurales, de largo plazo, en lo esencial irreversibles. Es el salto de productividad de la economía situada en la frontera del sistema (EE.UU), sumado a la duplicación del mercado mundial en los últimos 20 años (pasó de 1.500 millones a 3.300 millones de trabajadores).

---

[33] International Energy Agency (AIE), World Energy Outlook, 2011.

La cuestión no es el freno –imposible– de la recuperación económica mundial, sino la creación de una nueva matriz energética de alcance global. El precio récord del petróleo, el cambio climático y las exigencias de seguridad crean una extraordinaria estructura de incentivos que impulsa la innovación, y por su intermedio una revolución tecnológica.

El programa de financiamiento de Estados Unidos para el desarrollo científico y tecnológico de energías alternativas supera desde hace cuatro años los US$ 12.000 millones. Hoy el 1%/2% de la electricidad norteamericana proviene de la energía eólica; pero esa cifra se elevaría a 15% en 2020. General Electric (GE) prevé que desde 2013 la mitad de la nueva capacidad de generación energética construida en Estados Unidos tendrá fuentes eólicas; y basa su plan de negocios en esa proyección (GE venderá este año usinas eólicas por U$S 6.000 millones). GE prevé también construir en los próximos cuatro años una usina eólica con una capacidad de generación de un gigawatt, la mayor del mundo (U$S 2.000 millones de inversión). Lester Brown (*EarthPolicyInstitute*) sostiene que en 10/15 años, un granjero de Iowa puede ganar U$S 10.000 al año por la locación de una décima parte de una hectárea dedicada a la producción eólica.

El presidente Barack Obama lanzó en 2009 dos órdenes ejecutivas: la primera estableció a 2012 como fecha límite para poner en ejecución lo resuelto por la Ley de Energía de 2007, que fija un estándar de 27,5 millas (1 milla = 1600 metros) por galón (1 galón = 3,7 litros) para los automotores fabricados en Estados Unidos. La segunda dispuso que la Agencia de Protección Ambiental (EPA) le otorgue a California autorización para fijar su propio estándar de eficiencia energética automotriz. Significa que, como el Estado ha determinado la obligatoriedad de reducir en 30% la emisión de dióxido de carbono (CO_2) de su parque automotor para 2016, el nivel californiano será en adelante –a la cabeza de EE.UU– 49 millas por galón, el doble que el estándar nacional.

Obama comenzó a ejecutar elementos fundamentales de su agenda energética. Lo central –la necesidad que trata de satisfacer– responde a la decisión de eliminar de la oferta estadounidense la totalidad del petróleo importado de Medio Oriente y Venezuela dentro de los próximos 10 años. Se trata de 60% de la demanda nacional (Obama–Biden, *New EnergyforAmerica*, 2008).

"EE.UU. ha llegado a una encrucijada. Enclavados en el suelo americano, en el viento y en el sol, tenemos los recursos para cambiar. Nuestros científicos, empresarios y trabajadores tienen la capacidad para movernos hacia delante (...) Se trata de construir una nueva economía energética", señaló Obama el 26 de enero de 2009.

Su línea fundamental de acción tiene un plazo de tres/cuatro años; en ese periodo, Obama aspira a duplicar la capacidad de generación de energías alternativas, lo que implica crear 460.000 puestos de trabajo de alto nivel de calificación; y construir 3.000 millas de líneas de transmisión superconductivas, capaces de llevarlas a todos los rincones del país, desde Alaska a Florida, y de California a Nueva York.

Obama afirmó el 22 de octubre de 2008: "El motor del crecimiento económico de los últimos 20 años no va a estar presente en las próximas dos décadas. Ese motor fue el gasto del consumidor individual. Básicamente, incentivamos (*turbocharged*) una economía basada en el crédito barato (...) Ahora no tenemos ningún impulsor potencial del crecimiento capaz de abarcar todos los aspectos de la estructura económica, más que una nueva economía energética. Esta va a ser mi prioridad número uno cuando llegue a la Casa Blanca"[34].

El mandatario norteamericano se funda en una idea de carácter estratégico. Es la convicción de que una nueva ola de crecimiento económico en EE.UU., tras experimentar la mayor recesión de los últimos 60 años,

---

[34] Joe Klein, "Why Obama is Winning", TIME, 22.10.2008

sólo puede surgir de la fuente que impulsó la revolución tecnológica de la información –y dentro de ella la biotecnología– a partir de la década del ´70, y sobre todo desde los ´90: la innovación. Ahora, de lejos, la más poderosa, inmediata y catalítica innovación es la energía alternativa.

Obama sabe que nadie conoce –y ellos tampoco– cuál será la ecuación definitiva de la nueva economía energética en el país situado en la frontera del mundo, que establecerá, a su vez, el estándar más elevado de la nueva matriz energética mundial. Lo que sabe es que el camino para impulsarla es a través de una estructura de incentivos que desate una nueva ola de innovación, tanto en lo inmediato como en el largo plazo, con estrategias de transición y con tecnologías que transformen el sistema de acumulación en sus raíces.

El programa de financiamiento de EE.UU. para el desarrollo científico y tecnológico de energías alternativas, creado por la ley de 2007, supera los U$S 12.000 millones. Obama planea invertir en ese ámbito 150.000 millones en un plazo de 10 años; su objetivo es reducir en un 50% para 2030 la intensidad energética (energía por unidad de producto) de la estructura productiva y de servicios norteamericana. Una reducción semejante implicaría un salto de productividad de al menos el doble que el nivel actual.

"El capitalismo es un sistema autoinducido de acumulación, que se desarrolla a través de la absorción y el despliegue de sucesivas revoluciones tecnológicas (…), a su vez constituidas por gigantescas olas de innovación", dijo Joseph A. Schumpeter.[35]

Es interesante observar lo que ocurre en Alemania. Este país tiene el mayor superávit de cuenta corriente del mundo: U$S 243.000 millo-

---

[35] Schumpeter, Joseph, "The Historical Approach to the Analysis of Business Cycles", NBER Conference on Business Cycle Research, 1949; History of Economic Analysis, Oxford, Oxford University Press, 1954; "Capitalism in the Postwar World", Postwar Economic Problems, 1943; Ciclos económicos. Análisis teórico, histórico y estadístico del proceso capitalista, Zaragoza, Prensas Universitarias de Zaragoza, 2002.

nes en 2012/ 188.000 millones de euros/7% del PBI; y este récord lo es tanto en términos absolutos como en relación a la población y el producto (82 millones de habitantes/U$S 3,6 billones). La razón de este desempeño excepcional es que la República Federal es la principal potencia exportadora del mundo avanzado, superior a EE.UU., sobre todo en la industria manufacturera (máquinas-herramientas, químicos, automotores).

La mitad del crecimiento alemán en los últimos 10 años es obra del sector exportador; y 72% de las ventas externas de equipos pesados de alta tecnología se dirigen a China. Se estima que las exportaciones alemanas crecerían 80% en la próxima década, lo que significa que su participación en el producto aumentaría 18 puntos (50% en 2012 / 68% en 2025).

A su vez, el superávit de cuenta corriente se expandiría 30% en ese período; y correlativamente, la importancia de la Zona Euro como destino de sus exportaciones caería 16 puntos entre 2000 y 2025 (46%/30%). El significado de Alemania en el siglo XXI es inseparable del nuevo mapa geopolítico mundial, donde el centro de gravedad del sistema ha pasado irreversiblemente de los países avanzados a los emergentes, de EE.UU. a China.

Por eso, el superávit de cuenta corriente de la República Federal no es una muestra de su alta tasa de ahorro doméstico y de su bajo nivel de consumo, sino consecuencia directa de la extraordinaria productividad/competitividad de su industria manufacturera, que despliega todo su potencial en el momento en el que los países emergentes, encabezados por los asiáticos, crecen 2 y 3 veces por encima de los avanzados; y cuando en China hay un boom de inversión (47% del PBI en 2010) volcado a la compra de equipos pesados de alta tecnología, sobre todo provenientes de Alemania.

No hay un "modelo alemán" de crecimiento económico, sino solo una fase particular del proceso global de acumulación, en el que Alemania, gracias a la extraordinaria potencialidad de su manufactura, se ha convertido en un protagonista fundamental.

La historia no es circular, sino un proceso abierto; y a partir de la Revolución Industrial (1780-1840), la regla en el capitalismo es que "no hay nada particular fuera de lo general"; y lo general es el mundo como sistema unificado y no los modelos nacionales. Europa es hoy 7% de la población mundial y sería 4% en 2030, y para entonces 35% de su población tendría más de 65 años, con una reducción de la fuerza de trabajo de 38%. Alemania tiene hoy 82 millones de habitantes, que serían 65 millones en 2060.

La demanda china/asiática se convierte en el mayor mercado de consumo del mundo; y la reducción absoluta de su fuerza de trabajo obliga a Europa a duplicar el nivel de incremento de la productividad para compensar el impacto ineludible de la demografía. Los cambios estructurales en Europa no son consecuencia de una pasión doctrinaria, sino el tributo que se paga a una necesidad inexorable, bajo pena de irrelevancia.

La OCDE señala que el crecimiento potencial europeo se ha reducido a 1,5% por año, lo que significa que ha caído 2,5 puntos porcentuales desde 2008; y tiende a declinar cada vez más, hasta alcanzar a 1% anual a partir de 2015/2020, para orientarse luego hacia los niveles de Japón (0,5% por año), debido a la reducción de la fuerza de trabajo y el envejecimiento de su población.

Por eso, la clave de una salida de la crisis europea no es la acentuación de su unidad política, sino la aceleración de las reformas estructurales en los tres países decisivos de la Eurozona en crisis: Italia, España y Francia. El espacio decisivo de la resolución de la crisis es el de los sistemas políticos domésticos, y el núcleo de la respuesta es política, no económica ni financiera. Lo esencial de Europa se decide en Roma, Paris y Madrid, no en Bruselas.

7.2.1. El shale gas en EE.UU.

Hay un boom de gas superficial ("shale gas") en EE.UU, extraído de rocas sedimentarias, que adelanta una tendencia mundial y cuyo pleno desarrollo – en 10/15 años – modifica en sus raíces la ecuación estratégica global. La estimación de la Agencia Internacional de Energía (AIE) es que la demanda primaria de gas mundial alcanza a 5,1 billones de metros cúbicos (bmc) en 2035, esto es, 1,8 bmc más que hoy; y que la proporción de gas natural en la matriz energética global se incrementa de 21% a 25%.

El dato crítico, de importancia estratégica decisiva, es que más de 80% de ese aumento proviene de los países emergentes y en desarrollo, ante todo China e India. En el caso de China, la demanda aumenta del nivel de Alemania hoy al de toda la Unión Europea (UE) en 2035; y el gas supera al carbón en la provisión de energía de los próximos 25 años y pasa de 3% a 40% del consumo.

El cálculo de AIE es que más de 40% del incremento de la producción de gas corresponde en 2035 a los no convencionales ("shale gas"); y que su fuente principal es EE.UU (en donde supera hoy más de 50% de la producción).[36]

Las mayores reservas de "shale gas" del mundo están en Texas, Louisiana, Pennsylvania, y en otros 22 estados norteamericanos; lo sigue

---

[36] International Energy Agency, *Are we entering a golden age of gas?*, Special Report, París, 2011; y US Energy Information Administration, "Technically Recoverable Shale Oil and Shale Gas Resources: An Assessment of 137 Shale Formations in 41 Countries Outside the United States", Washington, US Department of Energy, June 2013.

a EE.UU., China (36 bmc); y el tercer lugar lo ocupa la Argentina (22 bmc). Los costos de producción estadounidenses son cada vez menores (US$ 4/US$ 6/ unidad de medida), debido a la aceleración del cambio tecnológico.

La producción en gran escala de "shale gas" en EE.UU es una novedad histórica, producto de la revolución tecnológica de los últimos 10 años. Era prácticamente cero (0) en 2000 y trepó a 10.000 millones de metros cúbicos por día en 2010; y se cuadriplicaría hacia 2040, tras alcanzar a 60% del total de gas natural en 2030.

El punto fundamental del "shale gas" estadounidense es que reduce cualitativamente la importancia geopolítica de los países petroleros del Golfo, Rusia y Venezuela, y cambia, por esa vía, la ecuación estratégica global de los próximos 50 años. EE.UU virtualmente elimina la necesidad de importar gas líquido (LNG) en las próximas dos décadas; y comienza a exportarlo. El precio del gas norteamericano es el más bajo de la última década. También cae la participación de Rusia en el mercado de gas europeo de 27% en 2009 a 13% en 2040, que equivale a su desaparición como instrumento de presión política. Venezuela queda descartada como principal exportadora de LNG a EE.UU; y se reduce la relevancia geopolítica que ha tenido desde la década del '70. Finalmente, se transforma el significado geopolítico de Medio Oriente, que deja de ser la región más estratégica del siglo XXI.

La industria manufacturera norteamericana es beneficiaria directa de la caída del precio del gas (-39% en 2011), cuya primera consecuencia es un menor costo de la energía eléctrica, que pasa a ser inferior a la asiática. Se multiplican las inversiones en la industria petroquímica y del acero, sobre todo en la costa del Golfo de México y el Medio Oeste. Los gastos de exploración petroleros y gasíferos treparon a U$S 145.000 millones en 2011, tras haber alcanzado U$S 13.000

millones en 2000. La producción estadounidense creció 17% anual en la última década; y la productividad de sus campos se incrementó 48% por año.

Al cambiar la ecuación energética de EE.UU, el "shale gas" se convierte en un incentivo fundamental para el auge de la productividad/competitividad manufacturera; y asegura el retorno de la economía estadounidense al primer plano de la globalización, en un proceso que se despliega en los próximos 3/5 años.

China se ha volcado a la producción de "shale gas" en EE.UU. Sinopec, la segunda empresa petrolera, invirtió el año pasado U$S 2.200 millones en 5 campos situados en Ohio, Mississippi y Michigan, que estarán en producción en 2014. EE.UU ha modificado nuevamente las reglas de juego de la economía mundial. La aptitud para la innovación radical parece ser una especialidad estadounidense.

7.2.2. *"Vaca Muerta" en la provincia de Neuquén: el segundo yacimiento de shale gas del mundo.*

La formación Vaca Muerta se encuentra entre las provincias de Neuquén, Mendoza y Río Negro, en la cuenca neuquina y se extiende sobre una superficie total de unos 30.000 km². Este descubrimiento anunciado en noviembre de 2011 fue el mayor llevado a cabo por el grupo Repsol-YPF y está considerado como una de las reservas de hidrocarburos no convencionales más importantes del mundo[37].

A partir de Vaca Muerta, la Argentina se situó como el tercer país del mundo en recursos de hidrocarburos no convencionales, lo que supone un gran mercado para las petroleras del mundo. Sin embargo,

---

[37] Diario Los Andes, 06.05.2012. Disponible en web: http://www.losandes.com.ar/notas/2012/5/6/vaca-muerta-sostiene-planes-petrolera-estatal-640614.asp.

el gran problema que plantea el yacimiento de la formación de Vaca Muerta es el gigantesco flujo de inversiones que sería necesario para extraer todo el gas y petróleo que potencialmente se podría sacar.

Hace varios meses, el diario estadounidense *The Washington Post* recogió la avidez de las grandes petroleras estadounidenses por asumir riesgos en la nueva YPF e invertir en Vaca Muerta. Para gigantes petroleros como Exxon Mobil y Chevron (la antigua Standard Oil), sostuvo el diario, la oportunidad es irresistible.

Según el diario español ABC, "Repsol ya había invertido más de 300 millones de dólares en las primeras exploraciones del yacimiento e YPF tenía previsto la construcción de 20 pozos de exploración para este año. Los planes previstos por parte de Repsol-YPF eran que el yacimiento pudiera hacer posible incrementar en un 50% la producción actual de petróleo de Argentina".

La potencialidad del proyecto se demostró cuando, a finales del año 2011, ya se habían producido más de 700.000 barriles de petróleo en Vaca Muerta. Repsol calculaba que habrá que acometer un plan de inversiones de unos 31.500 millones de euros en los próximos años para la realización de casi 2.000 pozos productivos de petróleo.

Gas y Petróleo del Neuquén SA previó que serán necesarios 60 equipos de perforación adicionales a los existentes en el país para su explotación y destacó que la vida de un proyecto a reservorios no convencionales es del orden de 25 a 30 años.

En 2011, cuando se anunció el hallazgo, YPF hizo notar que el desarrollo de este tipo de recursos requiere la utilización intensiva de nuevas tecnologías incluyendo "estimulaciones masivas con la inyección en cada pozo de cientos de toneladas de agentes de sostén (arenas y cerámicas finas tamizadas)". Vaca Muerta requiere un mayor impulso de inversiones tanto en exploración como en explotación y necesita de un término de unos tres a cuatro años para pasar de la etapa de piloto a un desarrollo en pleno.

Por esta razón, es primordial la asociación con grandes multinacionales especializadas en el sector para lograr hacer frente a la inversión necesaria para la explotación de petróleo y gas no convencional en Neuquén, Mendoza y Río Negro.

Hoy Vaca Muerta (provincia de Neuquén) es el mayor reservorio de hidrocarburos no convencionales en nuestro país. Por su extensión, espesor y riqueza está considerada superior a otras formaciones del resto del mundo. Argentina tiene extraordinarios recursos no convencionales; y está en el 2do puesto a nivel mundial de gas y en el 4to de petróleo según estimaciones de informes internacionales y del Instituto Argentino del Petróleo y del Gas.

Por eso la "Batalla del Petróleo" en la Argentina actual está volcada al desarrollo intenso, en todas sus potencialidades, de esta nueva oportunidad energética de alcance global.

La estimación de la Agencia Internacional de Energía (AIE) es que la demanda primaria de gas mundial alcanza a 5,1 billones de metros cúbicos (bmc) en 2035, 1,8 bmc más que hoy. El dato crítico, como se ha señalado, es que más de 80% de ese aumento proviene de los países emergentes y en desarrollo, ante todo China e India.

En el caso de China, la demanda aumenta del nivel de Alemania hoy al de toda la Unión Europea (UE) en 2035; y el gas supera al carbón en la provisión de energía de los próximos 25 años y pasa de 3% a 40% del consumo. Este cambio esencial de la ecuación energética mundial ocurre cuando más de la mitad de la producción de petróleo y gas de Medio Oriente se ha dirigido este año al continente asiático, a diferencia de lo sucedido después de la Segunda Guerra Mundial, en que su destino fue Europa y EE.UU.

El significado de este cambio energético en la estructura de poder mundial es que EE.UU. acelera su abandono de su papel hegemónico en Medio Oriente, al igual que lo ha hecho en el mundo a partir de 2008.El retroceso estadounidense modifica los parámetros estratégicos de todos los conflictos de la región y les fija a sus protagonistas nuevas prioridades.

Los yacimientos de shale gas de Vaca Muerta son tanto o más relevantes que los de EE.UU. Según la Agencia de Información Energética norteamericana (USEIA) ascienden a 774 billones de m3 de gas y a 741 millones de barriles de petróleo. Además de los yacimientos de Vaca Muerta, el Informe Schlumberger ha identificado otras 22 formaciones de shale gas en la Argentina. Entre ellas, la más prometedora es la de San Alfredo, situada en la región de Los Monos, en la Cuenca del Chaco-Paraná.[38]Schlumberger estima que San Alfredo contiene 59 billones de m3 de shale gas, de los cuales 14,8 billones son inmediatamente recuperables.

Esto implica que en la Cuenca Chaco-Paraná, sobre todo en Los Monos, existe un potencial de shale gas semejante a Vaca Muerta, capaz de aumentar en dos terceras partes las reservas argentinas, incluyendo las de Neuquén.

La particularidad del shale gas argentino es que los yacimientos tienen un espesor mayor que los norteamericanos (de 600 a 1000 metros) y son verdaderamente masivos. Su rendimiento puede ser proporcionalmente mayor, lo que los convertiría en los primeros del mundo. El cálculo que se puede hacer es el siguiente: la explotación de 15% de los yacimientos de Vaca Muerta permitiría recuperar el

---

[38] Schlumberger Limited, *Annual Report*, Houston-London, 2011.

autoabastecimiento petrolero perdido hace 8 años y que implicó importar petróleo por U$S 9.400 millones en 2011, con un déficit de U$S 3.000 millones, que podrían ser U$S 3.500 millones en 2014. Habría que agregar que con el 75% restante, la Argentina estaría en condiciones de convertirse en uno de los principales exportadores energéticos del mundo.

7.2.3. Vaca Muerta y la "nueva revolución industrial" en la Argentina.

El boom de petróleo y gas extraído de las rocas en EE. UU. modificó la ecuación energética mundial, y se orienta a convertir a la producción y exportación estadounidense en 2020 en la primera del mundo, por encima de Arabia Saudita y los países del Golfo Pérsico (en 2020, EE. UU produciría 11,1 millones de barriles/día y Arabia Saudita, 10,6 m. b/d).

La Agencia Internacional de Energía (AIE) prevé que EE. UU alcanzará el autoabastecimiento energético en 2035, plazo que se adelantaría en el marco de Norteamérica (incluye a Canadá y potencialmente a México).

El resultado es una caída significativa y persistente del precio del gas y la electricidad, lo que favorece la producción agroindustrial de EE. UU, y ante todo a la industria del etanol. Así, el precio del petróleo y el gas ha caído 25% en los últimos 2 años, y descendería un porcentaje quizás mayor en los próximos 5/7 años. Asimismo, se ven favorecidas la industria petroquímica y de fertilizantes, proveedoras de insumos esenciales de la actividad agroalimentaria.

La producción petrolera norteamericana crece 800.000 b/d por año, el mayor nivel de aumento desde su surgimiento en 1854. De esa manera, pasa de los 7 millones b/d actuales a los 11,1 m b/d en 2020. De ahí que la caída del precio del petróleo y el gas tenga un carácter estructural y de largo plazo, que modifica todos los elementos de la ecuación de costos estadounidense, tanto en la industria como en los servicios.

El cálculo que se puede hacer es el siguiente: 1 m. BTU de shale gas valía U$S 12 en 2008, y cayó a U$S 2 en 2012; y este sería solo el comienzo de la serie. Ubicar el significado de esta tendencia exige señalar que en Asia 1 millón de BTU cuesta hasta U$S 20, y en EE. UU su costo es 10 veces menor.

Por eso, se prevé un boom exportador de gas líquido desde los yacimientos estadounidenses a los países asiáticos, en primer lugar China, lo que ocurriría en 3/5 años. El impacto del boom del shale gas en la industria petroquímica es fenomenal. Sus costos norteamericanos son 30%/40% los de Europa, América Latina y Asia; y es probable que en los próximos 10 años sean inferiores incluso a los de Medio Oriente; y lo mismo sucede con la producción de fertilizantes.

El etano es el insumo fundamental de la producción de plásticos. Valía U$S 0,80/galón en 2008, y ahora vale U$S 0,23/galón. Por eso, las empresas químicas y petroquímicas europeas y las grandes productoras de fertilizantes se vuelcan a EE. UU, y abrirán más de 40 plantas en los próximos 10 años, solo en la costa del Golfo de México. Un estudio del estado de Texas estima que el boom actual del shale gas se mantendría en los próximos 30/40 años, con un precio de U$S 3/ U$S 4 por cada 1 m. BTU.

Este es un fenómeno norteamericano, que abarca en igualdad de condiciones a Canadá. El año pasado el crudo canadiense se convirtió en el más barato del mundo, y cayó a U$S 45/barril, la mitad del costo mundial. La Argentina está directamente afectada por el boom del shale gas. Los yacimientos de Vaca Muerta en Neuquén son los segundos del mundo en orden de importancia.

7.3. La revolución agroalimentaria de la Argentina y el desarrollo de la industria a partir de 1880

Carlos Díaz Alejandro, en *Ensayos sobre la Historia Económica argentina*, estimó que la proporción de capital extranjero con relación al stock de capital fijo era más de 50%en 1913. Esa relación cayó a 12% en 1945, aumentó a 47% en 1990, y a más de 60%en 2010. La proporción de 1913 lograda era **la más elevada alcanzada por un país importador de capital**, incluyendo a EE.UU, en toda la historia del capitalismo, antes de ese año.[39]

Entre 1880 y 1913, en que la Argentina creció un promedio de 5% anual, el PBI per cápita aumentó 2,5% por año; y en 1900, tenía 67% del ingreso por habitante de los niveles del mundo avanzado; y ese nivel era 100% en 1913. Ese año, señala Alan M. Taylor, la Argentina en todos los indicadores económicos y sociales, disponía de **las características de un país avanzado**.[40]

Eso se revirtió por completo en el siglo XX. La relación PBI per cápita argentino/niveles del mundo avanzado era 84% en 1950; 65% en 1973; y 43% en 1987. Por eso el caso argentino es único en la historia del capitalismo mundial. En 1950, y en forma cada vez más acentuada en las décadas del 70 y 80, la proporción capital extranjero/stock de capital fijo se tornó cada vez menor –"trivial", en los términos de Alan M. Taylor–, hasta prácticamente desaparecer como magnitud significativa.

La tasa de inversión era 16% del producto en 1890, y tras la crisis de Baring Brothers (1891), cayó a 6%/7%; y sólo volvió a superar 10% en 1904, para trepar luego a 15% entre 1905 y 1913, cuando la Ar-

[39] Alfredo M. Irigoin, "La revolución industrial en la Argentina: 1870-1940", Revista Libertas, ESEADE, octubre 1984; Díaz, Carlos Alejandro, Ensayos sobre la historia económica argentina, Buenos Aires, Amorrortu Ediciones, 1975, pp. 17-74 y 207-218.
[40] DellaPaolera, Gerardo, y Taylor, Alan, A New EconomicHistory of Argentina ,Cambridge UniversityPress, 2003.

gentina era la séptima economía del mundo en términos de ingreso real per cápita.

Entre 1880 y 1913, el crecimiento alcanzó un promedio de 5% anual y la expansión del PBI en la Argentina fue **la más elevada del mundo,** junto con la de EE.UU. "La economía argentina, tras la Segunda Guerra Mundial, se convirtió en una clase de animal completamente distinto", dice Taylor.

A partir de 1946, la tasa de inversión se tornó muy elevada, hasta alcanzar a 30% del PBI, nivel que mantendría en gran parte de las décadas del 50 y el 60. Pero en este período, el PBI per cápita prácticamente no creció (1,8% anual promedio entre 1950 y 1990).

La razón de esta disparidad fue establecida por Carlos Díaz Alejandro en 1970, y ratificada por DellaPaolera y Taylor. La tasa de inversión real no era verdaderamente alta, sino todo lo contrario, porque el costo de los bienes de capital y de los equipos industriales era excepcionalmente elevado, debido al peso de las tarifas, cuotas y otras barreras.

La industria, más que el agro, fue el sector más perjudicado por el vuelco de la economía hacia el mercado doméstico a través de altas barreras proteccionistas, que tornaron inviable la renovación del aparato industrial, en el momento en que por su antigüedad (provenía de los años 20) y su uso excesivo, se había tornado obsoleto.

Alfredo Gómez Morales y Ramón Cereijo informaron a Perón en 1949 que la renovación del aparato industrial requería US$ 5.000 millones (que serían US$ 70.000/US$ 80.000 millones hoy), que el país no tenía, debido a la crisis del sector externo, provocada por la carencia de exportaciones genuinas.

Taylor estima que a partir del fin de la Segunda Guerra, la Argentina debió pagar el doble por unidad de capital acumulado que el resto de los otros países del mundo, en primer lugar los de América Latina (Brasil, México).

La clave del retraso argentino respecto al mundo avanzado de su época comienza en 1913, cuando **se revierte la convergencia estructural (ingreso real per cápita/aumento de la productividad),** que se había alcanzado a partir de 1880; y ante todo en la industria.

A partir de allí, la convergencia se transformó en divergencia, y se modificó el mecanismo de acumulación de capital. Este proceso de divergencia, que se acentúa a partir de la Primera Guerra Mundial (1914-1918), hace que la Argentina se haya visto obligada, por imperio de las circunstancias, a responder con una fórmula autárquica.

Esta la dejó dependiente de forma prácticamente exclusiva de su débil nivel de ahorro doméstico. El nivel de ahorro era estructuralmente bajo en la Argentina, debido a que la tasa de dependencia de su población era comparativamente alta: entre 1900 y 1913, su población de menos de 15 años y más de 65 era 39% del total (en Australia y Canadá la proporción era 33% y 34% respectivamente, y su propensión al consumo era mayor).

Después de 1945, la Argentina disponía de un alto nivel de ahorro interno, pero con una honda distorsión en los precios de los bienes de equipo, lo que limitaba una acumulación real de capital. En ese período, cuando los costos de la maquinaria industrial eran el doble que los norteamericanos, EE.UU se convirtió en el único proveedor en el mercado mundial, lo que creó una situación de dependencia estructural en la cuestión vital de la renovación de equipos industriales.

Taylor estima que, en relación con los precios de 1913 (similares a los del mercado mundial), los bienes de equipo y de capital experimentaban una distorsión de 40%/80% después de 1950; y ese desajuste se mantuvo durante más de 40 años.

La tasa de inversión muestra en la historia económica argentina tres fases nítidamente diferenciadas: entre 1884 y 1913, se produjo un boom de demanda de inversión y los ahorros mundiales se canalizaron primordialmente hacia la Argentina. En 1900, atrajo 40% de la IED de fuente británica en el mundo. Luego, en 1919-1939 se frenó la demanda de inversiones, en el momento en que se produjo el cierre de los mercados globales de capital. En esa etapa, la economía argentina dependió en forma casi exclusiva para cubrir sus necesidades de inversión, del débil mercado de ahorro interno.

Al concluir la Segunda Guerra Mundial, sobre todo a partir de 1950, se inauguró una tercera etapa, en la que la carencia de capital extranjero se suma al alto costo de los bienes de capital, y eso redujo estructuralmente la tasa de inversión real. El resultado son 40 años de depresión, sumado a crisis reiteradas del sector externo por la caída de las exportaciones.

Al establecerse el control de cambios en 1931 se impuso, forzada por el cambio de las condiciones mundiales, una **política de sustitución de importaciones**, y la industria pasó a liderar el proceso de acumulación. Lo mismo sucedió con los otros países de América Latina. En este fenómeno regional, lo específicamente argentino fue la caída de las exportaciones en una medida mucho mayor que en otros países latinoamericanos.

Así, entre 1934/1938 y 1950/1954, la proporción de las exportaciones argentinas al mercado mundial cayó en volumen de 61% a 21% en el maíz; de 19% a 9% en el trigo; y de 40% a 19% en la carne.

La política de sustitución de importaciones se centró en las industrias tradicionales (textiles, calzado), y dejó atrás a los sectores de bienes intermedios, vehículos y maquinarias. De ahí que la economía argentina, sobre todo a partir de 1950, se volviera crecientemente dependiente de la importación de estos recursos, que en ese momento provenían casi exclusivamente de EE.UU. Es evidente que el fenómeno único de convergencia/divergencia del crecimiento argentino en relación con el del mundo avanzado, está vinculado a la mayor o menor integración con el sistema mundial.

En 1880 se resolvió la cuestión del poder político nacional tras 70 años de guerras civiles e intensa fragmentación interna, al nacionalizarse la aduana porteña y convertirse a Buenos Aires en Capital Federal.[41]

La industria argentina que surgió a partir de entonces (1880) es inseparable de la ola de inmigración europea que llegó ó en gran escala a partir de la década del '80, y que constituyó a la vez la elite empresaria y también la fuerza de trabajo.

Entre 1871 y 1914, ingresaron al país 5,9 millones de inmigrantes europeos, con un saldo neto de 3,2 millones, de los que más de 80% se incorporaron directamente al mercado laboral, sobre todo en el nuevo y pujante sector industrial.

Después de EE.UU., la Argentina fue el país del mundo que atrajo más inmigrantes europeos entre 1821 y 1932; y así, la población total pasó de 1,8 millones en 1869 a 8,3 millones en 1915; y la ciudad de Buenos Aires, que tenía 177.787 habitantes en 1869, llegó a 1.560.986 en 1914; y en Rosario la población se cuadruplicó entre 1869 y 1895.

Los datos económicos corroboran el impacto del extraordinario influjo inmigratorio. La formación de capital fijo por obra de la inver-

---

[41] Gallo, Ezequiel y Ferrari, Gustavo, La Argentina del '80 al Centenario, Buenos Aires, Editorial Sudamericana, 1980, pp. 469-496; también Botana, Natalio, El orden conservador, Buenos Aires, Editorial Sudamericana, 1977.

sión extranjera alcanzó a 18,7% del producto entre 1910 y 1914; y la red ferroviaria trepó a más de 30.000 kilómetros al comenzar la Primera Guerra Mundial (eran 2.400 kilómetros en 1880); y la carga transportada trepó de 800.000 a 35 millones de toneladas en ese período. Los teléfonos instalados en 1914 ascendían a 75.000, y eran 32% del total del continente americano, EE.UU. incluido.

Esto sucedió en el contexto del boom agroalimentario exportador: las exportaciones de trigo pasaron de 100.000 toneladas en 1885 a 2,8 millones de toneladas en 1913; y su superficie sembrada alcanzó a 5,8 millones de hectáreas (eran 100.000 has. en 1885). Algo similar ocurrió con el maíz: las exportaciones alcanzaban a 15.000 toneladas en 1885, y llegaron a 4,8 millones de ton.en 1913.

Por eso el valor de las exportaciones aumentó de 10,4 pesos oro per cápita en 1861 a 45 pesos oro en 1914, y las importaciones aumentaron 497% entre 1880 y 1914. Pasaron de 18,2 pesos oro/habitante en 1880 a 35 pesos oro al comenzar la Primera Guerra Mundial [42].

En 1887 se realizó el Primer Censo Industrial en la ciudad de Buenos Aires. Reveló que en la Capital existían 6.128 establecimientos industriales, que empleaban a 42.321 personas, cifra superior a la del comercio (34.000). De este total, 36% eran firmas textiles (sastrerías, modistas, zapaterías), que abastecían a 80% del consumo porteño y más de 50% de la demanda del país. La *Fábrica Argentina de Alpargatas*, fundada en 1884, tenía 530 operarios; y *Cervecería Bieckert*, establecida en 1868, ocupaba en 1887 a 600 personas, con niveles de productividad equivalentes a los europeos.

El número de establecimientos industriales en la Capital creció 4,1% anual entre 1887 y 1895, y la fuerza de trabajo aumentó 6,6% por año. En 1895 existían 22.204 unidades productivas, que empleaban

---

[42] Ezequiel Gallo *La pampa gringa*, Editorial Sudamericana, Buenos Aires, 1983

a 145.650 trabajadores y disponían de 2,84 millones de pesos oro como capital.

En la primera década del siglo (1903-1908) se experimentó una verdadera explosión de crecimiento industrial, con una tasa de inversión fija que creció 16% anual, y una expansión en la inversión privada de 23% por año. Esto ocurrió con un desarrollo de la energía eléctrica que se elevó 23,5% anual. La industria creció en este período más que el sector agropecuario, con una tasa de inversión que se expandió 8,2% anual, mientras que la producción agroalimentaria aumentó 6,3% por año. Si se incluye a la construcción, la participación en el producto era 24,5%, un punto por debajo de la producción agropecuaria (25,3%).

El tercer Censo Industrial de 1914 registró 48.779 establecimientos, con 410.201 trabajadores; y de ese total, 50% se desempeñaban en fábricas. En 1914, en la Argentina había 9 frigoríficos de nivel tecnológico avanzado, con un capital de 92.990.000 pesos oro; y un promedio de 1.130 empleados por establecimiento. El sector exportaba 370.000 toneladas de carne bovina por año, además de 59.000 toneladas de productos ovinos, con una tasa de expansión de 28% anual en sus ventas externas.

De ahí que entre 1895 y 1914, el número de establecimientos industriales de la Argentina se duplicara, con una fuerza motriz instalada que aumentó 13,6% por año.En este período, la fuerza de trabajo se elevó 4,6% anual. Por eso, "… la producción de la industria argentina era en 1933 la mayor de América del Sur y superior a la suma del producto industrial de Brasil y México". La Argentina, en síntesis, dispone de una larga historia de desarrollo industrial moderno, con un rico acervo de realizaciones y de conocimientos prácticamente desde su origen[43].

---

[43] Irigoin, Alfredo M. Op. Cit.

7.4. Esbozo de una capacidad exportadora en la manufactura argentina.

A partir de la década del '90, el sector agroalimentario argentino se muestra capacitado para "inducir procesos de desarrollo en otras actividades de la economía (…), y una mirada internacional revela que las recientes modificaciones tecnoproductivas ubican a la actividad entre las más avanzadas en términos comparativos".[44]

Significa que el agro argentino, si bien perdió la "revolución verde" en las décadas del '60 y del '70, se ubica actualmente entre los países de avanzada de la 'revolución biotecnológica'.

Lo esencial del nuevo agro, advierten Bisang y Kosacoff, es "su tendencia creciente a organizar las conductas individuales y sus sistemas de intercambio bajo una lógica de redes (…), y esa red o trama productiva constituye un espacio económico de creación de competencias e intercambio de bienes y servicios que incluye una o varias empresas núcleo, sus proveedores y clientes".

De ahí que el nuevo agro muestre los siguientes rasgos: **desruralización**, que separa a los propietarios de las tierras de los contratistas proveedores de servicios, y crea un sistema intensamente contractual, ajeno a la propiedad estrictamente rural. El nuevo agro, además se ha **desterritorializado**, porque la mayor parte de sus actividades se desarrollan afuera del espacio territorial originario. Por último, al organizarse en red, incorpora insumos altamente sofisticados, que provienen de la actividad industrial y de los servicios más avanzados.Significa que ahora no sólo se **industrializa**, sino que lo hace con una creciente complejidad tecnológica.

Los pooles de siembra son la unidad productiva fundamental del nuevo agro: "Los pooles trabajan con economías de escala que les

---

[44] Bisang, Roberto y Kosacoff, Bernardo, "Las redes de producción en el agro argentino", presentado en el XIV Congreso Anual de AAPRESID, 2006.

permiten abaratar costos mediante la compra de insumos a precios más bajos –dicen Kosacoff y Bisang-, debido a que buscan liquidez, no poseen capital fijo, lo que compensan con la demanda de contratistas de labores"; y al "…evitar la inversión en tierras, el arrendamiento les permite concentrar susinversiones en insumos, y así alcanzar el más alto nivel tecnológico, al tiempo que dispersan territorialmente la producción, reduciendo los riesgos climáticos".[45]

El nuevo agro es el resultado de un cambio estructural (tecnológico y organizativo) experimentado por la agricultura argentina en la década del '90.[46] Su primera manifestación fue un aumento espectacular de los rendimientos: "Entre 1990/1991 y 2006/2007 –señalan Gelman y Barsky-, la producción de cereales y oleaginosas creció 144,3%, una tasa directa de 9% anual; y la producción de cereales y oleaginosas, que promedió 35 millones de toneladas durante la década del '80, en los '90 llegó a un total de 64,3 millones de toneladas". Por último, en la campaña 2007/2008, superó los 96 millones de ton.

En este proceso de cambio el factor decisivo fue la expansión de la soja, casi inexistente en 1970, y que ocupó 16.141.337 hectáreas en las campañas 2007/2008, y produjo 47 millones de ton., con 53% de la superficie cultivada y 54,4% del volumen producido.

También se modificó en la década del '90 la estructura de la producción agrícola, aunque no la de la propiedad; y surgieron unidades productivas de tamaño más elevado, con alta inversión de capital, sin que esto implicara una mayor concentración de la propiedad. Este es el factor fundamental (pooles de siembra) que está pordetrás del boom de rendimiento/productividad de este período.
Se desarrolló asimismo una estructura social y económica de gran

---

[45] Anlló, Guillermo, Bisang, Roberto y Campi, Mercedes, *Claves para repensar el agro argentino*, Buenos Aires, Eudeba, 2013.
[46] Barsky, Osvaldo y Gelman, Jorge, *Historia del agro argentino. Desde la Conquista hasta comienzos del siglo XXI*, Buenos Aires, Sudamericana, 2009.

movilidad cuya dinámica acompañó la extraordinaria expansión productiva y regional, que constituye la causa (el nuevo sistema de actores) de esta etapa de crecimiento excepcional.

La concentración de las unidades productivas, sumada al salto tecnológico y al boom de rendimiento y productividad, y el desarrollo de una infraestructura de energía y telecomunicaciones en el interior, desató un proceso de reocupación del espacio rural, con la recreación de pueblos y ciudades medias, muchas hasta ese momento prácticamente desaparecidas y resurgieron de pronto dotadas de una nueva y densa trama social, profundamente moderna.

Al profundizarse esta especialización agroalimentaria en gran escala se manifestó, dentro de la nueva estructura productiva, mediante un complejo sistema contractual. El alto nivel de mecanización y equipamiento logrados se ejerció a través de profesionales independientes, y surgió un contratista en maquinaria de elevada especialización cada 10 productores rurales, dotados de equipos de última generación tecnológica.

Así surgieron los pooles de siembra, incluso internacional. Por definición, los pooles no invierten en la compra de tierras, ni en la de maquinaria, y subcontratan prácticamente la totalidad de las tareas agrícolas.

Por eso son capaces de invertir grandes capitales en la innovación tecnológica más avanzada y en la producción de volúmenes siempre mayores. Los pooles de siembra son unas 50 unidades, que labran 1,3 millones de hectáreas y son capaces de facturar U\$S 1.000 millones por año o más. Al haberse convertido en "un sistema de redes productivas de alta capacidad de gestión, se han extendido a otros países de América del Sur y distintas partes del mundo".

Los pooles son así una de las innovaciones capitalistasmás avanzadas, y responden a las raíces de la construcción de la Argentina como nación, en la que 4 inmigrantes europeos por cada argentino originario se desplegaron en un inmenso espacio vacío –la región pampeana- entre 1870 y 1930; y crearon una nueva sociedad profundamente moderna, sin estructura social preexistente ni pasado feudal.

La producción agrícola y ganadera de la región pampeana, fue desde el comienzo de elevado nivel tecnológico, semejante o superior al que se verificaba en EE.UU., Australia, Canadá o Nueva Zelandia.

"La productividad del agro en la Argentina (productividad de todos los factores/PTF) fue superior a la de EE.UU. entre 1900 y 1909 (91 vs. 85) –dice Carlos Díaz Alejandro-; levemente inferior entre 1910 y 1919 (81 vs. 85); volvió a crecer entre 1920 y 1929 (96 vs. 86); y alcanzó una paridad completa entre 1930 y 1939 (96 vs. 96). Luego, en 1940, se produce una ruptura, y EE.UU. se adelanta irreversiblemente".[47]

"En contraste con las estructuras dualistas propias del subdesarrollo, el sector rural mostró en la Argentina una productividad promedio superior a la manufactura industrial –precisa Díaz Alejandro- (…). Las actividades rurales de la zona pampeana eran tan capitalistas como las de EE.UU. o Canadá".Por eso, pronto adquirió la producción agrícola y ganadera características de desarrollo industrial. "En 1878, se instaló en el país (Rafaela, provincia de Santa Fe) la primera fábrica de maquinarias agrícolas, que al igual que las siguientes tienen su origen en los talleres que las reparaban".

Todo esto ocurría mientras aumentaba continuamente el número de propietarios rurales. "La gran dinámica del mercado rural de tierras

---

[47] Díaz Alejandro, Carlos, *Ensayos sobre la historia económica argentina*, Buenos Aires, Amorrortu Editores, 1970.

y la creciente puesta en valor del agro, sumadas al mecanismo silencioso pero constante de la herencia, fueron las principales formas de división de las mayores unidades productivas, y marcaron el continuo aumento de la propiedad agropecuaria, fenómeno que se acentuaría en las décadas siguientes"[48].

"Sólo en un decenio (1905-1914) se vendieron 81.707.670 hectáreas de las 150 millones que se estimaban útiles en todo el país para la agricultura y la ganadería; y más de la mitad de esas ventas correspondieron a la región pampeana".

7.5. Las empresas transnacionales en la industria argentina y su vinculación con el sistema integrado global de producción

A partir de la década del '90, las firmas transnacionales (ETNs) radicadas en el país comienzan a aumentar sus exportaciones significativamente, una diferencia notable con la etapa sustitutiva (1935-1976), en que su objetivo prácticamente excluyente era abastecer al mercado interno.

Así, entre 1986 y 1991, las exportaciones de las ETNs aumentaron 16,7% anual, tras haber crecido 3,6% por año entre 1981 y 1986. Por su parte, las transnacionales especializadas en recursos naturales elevaron sus ventas externas 13,3% por año entre 1986 y 1991.

Las transnacionales sustitutivas –esto es lo notable- aumentaron sus exportaciones 22,5% por año en ese período; y el resultado fue que el sector transnacional en su conjunto aumentó sus ventas externas 15,8% anual en la etapa 1986-1991.[49] También en estafase, las ETNs

---

[48] Barsky y Gelman Op. cit.
[49] Kosacoff,Bernardo, Beccaria, Luis, Bezchinsky,Gabriel, Bisang, Roberto, Chudnovsky, Daniel, Gatto, Francisco, Katz,Jorge, *El desafío de la competitividad: la industria argentina en transformación*, Buenos Aires, CEPAL, 1993, p. 272; Kosacoff, Bernardo Pedro, Bezchinsky, Gabriel, "Nuevas estrategias de las empresas transnacionales en la Argentina", *Revista de la CEPAL*, No. 52, Santiago de Chile, abril 1994, pp. 133-156.

aumentaron en gran escala sus importaciones, al tiempo que modificaban su contenido.

En la etapa sustitutiva (ISI), el objetivo del crecimiento industrial era la producción de bienes finales (en general bienes de consumo y unos pocos bienes intermedios).En los últimos 20 años, en cambio, las ETNs comenzaron a importar un número mayor de bienes finales, con un crecimiento generalizado de los componentes importados. Así, entre 1991/1992, 38,4% de sus importaciones son bienes finales, y más de 50% de sus insumos son importados (47,7% en 1991; 53,5% en 1992).[50]

El crecimiento de los insumos importados fue un resultado directo de la intensificación de los procesos productivos y de su concentración en los tramos fundamentales de su producción.

A partir de entonces, las transnacionales radicadas en la Argentina profundizan su integración con el sistema global, y correlativamente aumentan su coeficiente de importaciones, mientras que disminuyen el valor agregado de origen nacional.

Se trata de una diferencia fundamental con la etapa sustitutiva, que implica una mayor dependencia del exterior.Este proceso de intensificación e integración con el sistema mundial, hace que 60% de las exportaciones de las empresas transnacionales se realice **dentro** de las cadenas globales de producción, y lo mismo ocurra con 80% de sus importaciones.

Las ETNs adquieren a partir de entonces un saldo ampliamente negativo en el intercambio comercial, hasta llegar a un déficit comercial industrial de U$S 32.000 millones en 2013.

---

[50] Kosacoff,Bernardo et al., op. cit., p. 274.

Por detrás de la nueva inserción internacional de las ETNs radicadas en la Argentina, hay una modificación de su naturaleza en el mercado mundial. Su relevancia ya no reside en la propiedad y control de distintos activos en diferentes mercados nacionales, como ocurría en la etapa sustitutiva, sino en su conversión en el "sistema nervioso central" de una gran red global de capacidades productivas, tecnológicas, financieras y comerciales, integradas e interactivas, que es lo que constituye la fuente de su superior nivel de productividad (productividad sistémica de todos los factores/ PTF).[51] Este sistema integrado transnacional de producción constituye el núcleo estructural del capitalismo en el siglo XXI.

En el gobierno desarrollista de Arturo Frondizi y Rogelio Frigerio (1958-1962), la inversión de las empresas transnacionales mostró un extraordinario dinamismo; y el PBI industrial creció 8 % por año entre 1963 y 1973, mientras que sus filiales aumentaron su participación de 15% en 1958 a 30% en 1973.

Desde entonces, el sector de mayor dinamismo de las empresas transnacionales es el que se ha integrado a las cadenas globales de producción; y este núcleo ha tenido una tasa de crecimiento acumulativa de 11% anual a partir de la década del '80.Por eso, su participación en las ventas del mercado interno aumentó de 20% en 1981 a 40% en 1992.

El sector automotriz es crucial en la estructura exportadora de la industria argentina, porque coloca la mayor parte de su producción en el exterior, sobre todo en Brasil; y ha logrado alcanzar con la industria automotriz brasileña (también 100% transnacional) un alto grado de integración y complementación, hasta constituir la única cadena regional de producción en el Mercosur, y en general en América del Sur.

Por eso, las exportaciones industriales son ahora un porcentaje sig-

---

[51] Ibíd., p. 289.

nificativamente mayor en las ventas externas, con el agregado de que sus componentes importados se han elevado por encima de ese nivel de expansión.

En este nuevo marco de inserción internacional, las firmas industriales cuyas exportaciones más han crecido son las vinculadas con la elaboración de recursos naturales; y luego las integradas a las cadenas globales de producción, que se orientan hacia el mercado mundial.

El auge de las primeras es inseparable del boom de la actividad agroalimentaria, en especial la producción de soja. Hay que sumarles el crecimiento del área minera y la explotación energética en gran escala del shale gas y shaleoil de Vaca Muerta (Neuquén).

En términos de estrategia de desarrollo nacional, la cuestión central es cómo integrar las actividades productivas basadas en ventajas comparativas con las redes globales de producción, ante todo los complejos agroindustriales, químicos y papeleros-pasteros.

Esto requiere una nueva pauta de especialización de la industria argentina, centrada en la doble dimensión de las ventajas comparativas en la explotación de los recursos naturales, en especial agroalimentarios; y en la aceleración de la integración con las cadenas globales de producción.[52]

El aumento de las exportaciones de la industria argentina es un proceso impulsado hasta ahora de afuera hacia adentro, desde el sistema transnacional de producción a la actividad manufacturera doméstica, a través de la inversión extranjera directa (IED) de tipo "vertical".

El sistema integrado transnacional de producción constituido por las

---

[52] Bisang, Roberto; Kosacoff, Bernardo, "Exportaciones industriales en una economía en transformación: las sorpresas del caso argentino", Boletín Informativo Techint, n. 271, jul.-sep. 1992, p. 61-100.

empresas globales experimenta hoy una "nueva revolución industrial" mediante su completa digitalización, y su epicentro se encuentra en la plataforma global de computación (*cloudcomputing*), conocida como "la nube".

En el mundo de hoy la industria exporta en la medida en que se producción se incorpora a las cadenas globales; y en que sus ventas externas se convierten en fases del comercio intraindustrial. La manufactura se convierte en exportadora, en la medida y al ritmo en que se transnacionaliza.

La industria argentina tiene más de 100 años de historia y posee un rico y diverso stock de conocimientos y experiencias técnicas y productivas, así como una fuerza de trabajo de elevado, aunque dispar, nivel de calificación. La industria argentina ha mostrado su especial capacidad exportadora desde la década del '70, con un crecimiento de 7,5% anual, a pesar del virtual estancamiento y los largos períodos de contracción del PBI.

El caso más significativo de este fenómeno atípico es "el constituido por las industrias metalmecánicas básicas" (acero y aluminio), que pasaron de exportar poco más de 5% de su producción a principios de los '70 a casi 20% a fines de los '80.[53]

Lo mismo ha ocurrido con la producción de maquinarias y equipos, que alcanzaron en sus exportaciones más de 15% de su producción, y en algunos casos, más de 50% (Siderca, Acindar, Aluar, Propulsora Siderúrgica). Este es un fenómeno posterior a la finalización de la industrialización sustitutiva, iniciada en la década del '30 y concluida a fines de los '70.[54]

---

[53] Kosacoff,Bernardo et al., op. cit., p. 129.
[54] Ibíd., p. 132.

Estas firmas industriales son capital-intensivas, y han surgido en la etapa final del proceso de sustitución de importaciones, especialmente en ocasión del boom de inversión del período 1958-1962. De ahí que la actividad siderúrgica sea hoy una de las más superavitarias del comercio exterior, tras haber sido profundamente deficitaria en de la década del '70.

Este conjunto de factores hace que la nueva especialización exportadora de la industria argentina esté basada todavía en bienes de escaso valor agregado, poca intensidad en el uso de la mano de obra especializada, alta incidencia del capital, y una marcada madurez tecnológica.[55]

El pico previo de recepción de inversión extranjera directa (IED) en la Argentina, antes del boom de la década del '90, se alcanzó entre 1959 y 1963, cuando se logró un promedio de U$S 464 millones anuales (0,3% del PBI).[56] En los años '90, el promedio anual de entrada de IED fue de U$S 6.760 millones (2% del PBI). Por eso, en la industria manufacturera, la IED era el 46% del valor agregado de la industria manufacturera en 1963, y trepó a 79% en 1997.

Desde entonces, las empresas transnacionales han tenido un papel fundamental, virtualmente decisivo, en la industria argentina, y en general en la economía del país. En la etapa de sustitución de importaciones (ISI), que comenzó en la década del '30 y concluyó en 1976, la economía argentina operó en un sistema virtualmente autárquico. Sólo a partir de los años '80 mostró un grado creciente de apertura y liberalización, incluyendo la integración con Brasil, Uruguay y Paraguay establecida por el Mercosur.

---

[55] Ibíd., p. 178.

[56] Chudnovsky, Daniel y López, Andrés, *La transnacionalización de la economía argentina*, Buenos Aires, Eudeba, 2001. En especial: capítulo III, pp. 75 y ss.

Esta etapa de apertura coincide, y en cierta forma es el resultado, de la aparición del fenómeno de la globalización, cuyo rasgo fundamental es el surgimiento de un sistema integrado transnacional de producción, cuyos actores son las empresas transnacionales (ETN's), que actúan primordialmente a través de las inversiones directas.

Por eso, el monto de la IED en el mundo pasó de U$S 115.000 millones anuales entre 1984 y 1989 a U$S 500.000 millones por año en el período 1994/1999. De ese total, los países en desarrollo recibieron más de 30% a partir de 1994, frente a 19% que atrajeron entre 1984 y 1989.

La Argentina ha sido uno de los países más favorecidos por este vuelco de las empresas transnacionales hacia los países en desarrollo. Así fue el cuarto país del mundo emergente en atracción de IED entre 1994 y 1999, detrás de China, Brasil y México.

Interesa establecer en qué medida las empresas transnacionales radicadas en el país integran las cadenas globales de producción, o por el contrario, sólo satisfacen la demanda del mercado interno. Esta opción fija el grado integración de una actividad o un país en la economía globalizada del siglo XXI. Las empresas transnacionales eran responsables de 32% de las exportaciones en 1990, y alcanzaron a 54% de las ventas externas en 1998; y en el sector manufacturero, la participación de las firmas de capital extranjero alcanzó este último año a 52%. En lo que se refiere a las importaciones, la participación de las firmas extranjeras entre las 1.000 mayores empresas importadoras alcanzó a 71,7% en 1998.

La contribución principalen las exportaciones de las ETNs proviene de dos sectores significativos: en primer lugar, automotores y autopartes, que cubren 33% del total; y luego, aceites y granos, que abarcan otros 30%, en tanto el resto representa un porcentaje sustancialmente menor. De esta manera, el segmento química/petroquímica representa 6,5%; alimentación, bebidas y tabacos, 6%; petróleo y combustibles, 6%; y minería, 4,5%.

Por eso había en 1998 seis sectores en la industria argentina en los que la participación en las exportaciones de las firmas transnacionales era 90% o más: electricidad, gas y agua; servicios de telefonía; transporte y almacenaje; automóviles y autopartes; celulosa y papel; y gran minería.

El comercio intra-firma, que es el propio de las cadenas globales de producción, es la clave de las exportaciones de las empresas transnacionales radicadas en la Argentina, debido a que constituyen más de dos tercios de sus transacciones globales.

Chudnovsky y López realizan la siguiente apreciación: 73% de las exportaciones de las filiales de las empresas transnacionales radicadas en el país, eran intra-firma en 1997. De ese total, casi 60% se hacía con otras filiales situadas en el Mercosur, mientras que su comercio con las casas matrices era sólo 6%, con posibilidades de crecimiento de hasta 14%. Este porcentaje correspondía en más de 80% a filiales de firmas transnacionales estadounidenses.[57]

Un rasgo específico de la industria argentina es el dominio prácticamente excluyente de un grupo de grandes firmas nacionales en los sectores manufactureros de la siderurgia, el aluminio, los textiles y los frigoríficos; y en los dos primeros, las compañías nacionales –Techint, Acindar, Aluar- constituyen grupos empresarios con fuerte y comprobada capacidad de competencia internacional.

---

[57] Ibíd., p. 98.

Capítulo 8

El desarrollo económico se logra con la transformación de las ventajas comparativas en ventajas competitivas. Capacidad de eslabonamiento del nuevo agro e inducción de cambios estructurales en la economía industrial y la de servicios

8.1. La estrategia china: crecimiento sobre la base de las ventajas comparativas

El crecimiento sostenido de un país en desarrollo depende de la mejora acumulada de sus niveles de productividad y la única forma de lograrlo es a través de la innovación tecnológica que aumenta la productividad (expansión del producto por unidad de tiempo de trabajo en relación a los insumos utilizados). Esto es lo que sostiene Justin Lin, ex vicepresidente del Banco Mundial y principal teórico de la estrategia de desarrollo en China.[58]

---

[58] Lin, Justin Yifu, *Demystifying the Chinese Economy*, Cambridge, Cambridge University Press, 2012; Lin, Justin Yifu, Economic Development and transition. Thought, strategy and viability, Cambridge, Cambridge University Press, 2009.

A su vez, es esencial en los países en desarrollo que la política de innovación tecnológica desarrolle industrias siguiendo la línea de las ventajas comparativas, de modo que puedan desatar la totalidad del potencial productivo implícito en el nivel de retraso que tengan frente al mundo avanzado y, de esta manera, aceleren su crecimiento económico.

Por eso, la estrategia de crecimiento asumida por los países subdesarrollados después de la Segunda Guerra Mundial, a través de la sustitución de importaciones y la construcción prioritaria de una industria pesada, se enfrentó con el problema de que no se sustentaba en las ventajas comparativas.

El resultado fue que esas industrias sólo pudieron sobrevivir mediante la protección gubernamental, los subsidios generalizados y el cierre de la economía, lo que provocó profundas distorsiones, como rentas parasitarias y una amplia corrupción.

El balance histórico de la estrategia de sustitución de importaciones/ industria pesada fue que muchos países en desarrollo pudieron completarla, pero al costo de una *performance* económica pobre y errática.

Sólo un grupo de países del Sudeste asiático tuvo éxito en su estrategia de crecimiento económico después de la Segunda Guerra Mundial: Corea del Sur, Taiwán, Hong Kong y Singapur, encabezados por Japón. Se fundaron en la utilización de sus ventajas comparativas y en su especialización de recursos.

China, al comenzar en 1978 el explosivo proceso de crecimiento de los últimos 33 años, disponía de vastos recursos naturales (pero limitados en relación a la magnitud de su población), abundante fuerza de trabajo y escasez de capital. Era una economía basada en la agricultura, cuya ventaja comparativa era su fuerza de trabajo barata y abundante.

Por eso logró crecer al volcar el recurso mano de obra a la producción de bienes industriales trabajo-intensivos, dedicados a la exportación, y así acumuló capital físico y humano. Luego a medida que su fuerza de trabajo se tornó más calificada y cara, también transformó su estructura económica.

El papel del Estado en el proceso de desarrollo es crucial; es una tarea activa y estratégica de "intervención inteligente", que consiste en facilitar la acción de las empresas en la explotación de las ventajas comparativas. Conviene agregar que la viabilidad de las compañías dependerá de si explotan, o por el contrario enfrentan, esas ventajas.

Precisamente debido a que el papel del Estado es decisivo, importan más las ideas que los intereses en el proceso de desarrollo, y los países que fracasan, como los de América Latina a través de la industrialización sustitutiva orientada al mercado doméstico, lo hicieron al desafiar sus ventajas comparativas.

Los países exitosos, como los del Sudeste asiático, lo lograron al facilitar el desarrollo de la potencialidad implícita en estas ventajas comparativas, sumándoles una especialización productiva orientada al mercado internacional.

El punto crítico es advertir que el capital es el factor decisivo del crecimiento económico, y que el elemento determinante de la acumulación de capital es la innovación tecnológica, por lo que significa como sinónimo de aumento de la productividad. Ella evita que decline la tasa de retorno de las inversiones, a medida que el capital se la acumula.

En este marco, las instituciones no pueden ser consideradas aisladamente, sino que integran el proceso de acumulación, con un papel específico en cada momento histórico.

Las instituciones permiten que el producto alcance su máximo potencial a través de una estructura de incentivos favorable a la innovación y la mejora de la calificación de la fuerza de trabajo. Son así superestructuras condicionadas, pero no causadas, por la base o estructura, la denominadas fuerzas productivas.

La progresividad de un sistema de instituciones depende de si permite desplegar todo el potencial implícito en el desarrollo de las fuerzas productivas. Por eso, en la teoría del desarrollo que surge de la experiencia asiática, no existen ventajas competitivas (mejoras cuantitativas-cualitativas de la estructura tecnológica-industrial) que no se funden en ventajas comparativas.

8.2. La estrategia de eslabonamiento industrial y de servicios del nuevo agro argentino, y la teoría de desarrollo económico sobre los "espacios de producción"

La economía de un país está formada por "espacios de producción" que albergan todos los productos posibles en un determinado momento y lugar. Esto significa que cada "espacio de producción" induce (eslabona) otros espacios posibles, que no surgen de forma arbitraria, sino como consecuencia de una secuencia necesaria de productos.[59] Por eso todo país tiene una estrategia de desarrollo propia, surgida de su historia particular y de su intransferible dotación de recursos, a la que puede denominarse su propia "escalera hacia el cielo", que es un camino de especialización y despliegue productivo. El desarrollo es una secuencia de saltos productivos constituidos por nuevos productos de creciente complejidad tecnológica.

---

[59] Véase: Hausmann, Ricardo; Hidalgo, César; Klinger, B. y Barabasi, A., "The Product Space Conditions the Development of Nations", *Science*, July 2007; y Hausmann, Ricardo y Hidalgo, César A., "The Network Structure of Economic Output", Journal of Economic Growth, 16, 2011, pp. 309-342.

¿Qué muestra la Argentina como "espacio de producción"? En primer lugar, uno de los tres sistemas más competitivos del mundo en términos de innovación y productividad, hondamente capitalista y vinculado al mercado mundial desde su origen.

La Argentina integra el pelotón de avanzada del desarrollo de la biotecnología en el mundo, con calificados planteles técnicos de alto nivel internacional.Dispone asimismo de una industria manufacturera compleja y diversificada, con más de 100 años de trayectoria y poseedora de un stock de conocimientos y de experiencia de envergadura.

El próximo paso de su "escalera hacia el cielo"consiste en el desarrollo en gran escala de la bioeconomía, como nueva fase de la acumulación capitalista a escala global, capaz de convertirse en un imán de atracción de la inversión de las empresas transnacionales.

La "escalera" del desarrollo argentino lleva de la agricultura de alta productividad a la industria de maquinaria agrícola y al desarrollo de la química especializada y de los agroquímicos, además de la manufactura farmacéutica. También la logística, la informática y la educación especializada, convertidas en escalones de la escalera del desarrollo nacional.

No se trata de "agregar valor a los commodities que el país exporta", como sostiene el lugar común, sino de crecer por saltos y transformarse en una economía de servicios altamente especializados, con una industria exportadora y súper competitiva, cuyo núcleo lo constituye el actual sector exportador agrícola e industrial.

Por su nivel de desarrollo y su trayectoria histórica plenamente moderna desde su origen, la Argentina está en condiciones de aspirar a las "más altas torres" del conocimiento y de la innovación del mundo actual, ante todo en lo que se refiere al conocimiento científico/tecnológico y la innovación.

8.2.1. El desarrollo capitalista crece por saltos, y mediante la aparición de nuevas industrias

El desarrollo económico ocurre porque los países elevan el nivel tecnológico de lo que producen y mueven su producción de un espacio a otro, usualmente más sofisticado; y los productos de uno y otro están relacionados. La regla es que mientras más cercanas y estrechamente vinculadas sean las líneas de producción, más acelerado es el desarrollo económico.[60]

La cercanía de esas líneas de producción establece (delimita) el número de productos posibles que existen en un determinado espacio, que puede ser tanto un país como una región. De esa forma, el "espacio de productos" es la red de vinculación que existe entre los productos actuales y los posibles.

Lo que fija la naturaleza de la vinculación entre estos espacios es la similitud de los insumos requeridos con los de la actividad dominante. En el caso argentino, es el nuevo agro que produce en red con un alto nivel tecnológico y elevada productividad sistémica.

Tres son los productos posibles que aparecen de inmediato en el nuevo agro argentino, directamente vinculados a su estructura de producción. En primer lugar, la alta tecnología (biotecnología), en el sentido científico-tecnológico y organizativo/empresarial. Es el caso de Bioceres en Rosario, un centro de investigación biotecnológico de renombre mundial. También es la experiencia de Los Grobo, transformado de una empresa de producción agrícola primaria a una firma de servicios (incluyendo consultoría internacional) que se estructura en red, tanto dentro como fuera del país, con sus clientes y proveedo-

---

[60] Hausmann, Ricardo; Hidalgo, César; Klinger, B. y Barabasi, A., op. cit.; Bahar, Dany&Hausmann, Ricardo & Hidalgo, Cesar A., "Neighbors and the Evolution of the Comparative Advantage of Nations: Evidence of International Knowledge Diffusion?", Working Paper Series rwp13-025, Harvard University, John F. Kennedy School of Government, 2013.

res; y que promueve la creación de sistemas de financiamiento (garantía de inversiones) que la convierte en una integrante del sistema financiero internacional.

En el "espacio de productos" del nuevo agro se encuentra implícita una gran tradición argentina de estudios bioquímicos y biotecnológicos, como lo muestran los 3 Premios Nobel de la disciplina, que son Bernardo Houssay, César Milstein y Luis Federico Leloir.

Estos indicios, propios del nuevo agro argentino y del proceso de construcción nacional de la Argentina, muestran la posibilidad de atraer en gran escala la inversión de las empresas trasnacionales de alta tecnología, sobre todo en el sector de semillas, insumos, productos químicos y bioquímicos, desarrollos biológicos; y hacerlo en el *cluster* de investigación y desarrollo (I&D) ya existente en Rosario/ Santa Fe, núcleo estratégico del desarrollo argentino.

Luego, la maquinaria agrícola, que ha dejado de ser un subproducto o derivado de la producción primaria y se ha convertido en un sector de punta de la industria manufacturera, capaz de experimentar un boom exportador.

Profundizar este carácter de vanguardia de la maquinaria agrícola exige acelerar su consolidación y capitalización con epicentro en el Sur de Córdoba y Santa Fe, y con eje estratégico en la ciudad de Rafaela, el primero y más avanzado distrito agroindustrial de la Argentina.[61]

En este proceso de consolidación y capitalización, la inversión directa de las empresas trasnacionales, tanto del sector de maquinaria agrícola (John Deere, etc.) como de la industria automotriz, cumple un papel fundamental como catalizador del cambio tecnológico y

---

[61] Ferraro, Carlo y Costamagna, Pablo, "Entorno institucional y desarrollo productivo local. La importancia del ambiente y las instituciones para el desarrollo empresarial. El caso de Rafaela", CEPAL, agosto 2000.

organizativo. El triángulo Córdoba/Rosario/Rafaela es el espacio de despliegue de esta restructuración productiva/industrial, de orientación exportadora.

Por último, los centros de investigación y formación profesional del nuevo agro argentino tienen implícitamente destino de internacionalización, como expresión de un conocimiento agroalimentario de avanzada, fundado en una visión holística e integrada de alcance global.

Lo actual y lo posible son dimensiones de la realidad; y el INTA, las facultades de agronomía y veterinaria (biología), sumados a los centros de investigación de cada una de las actividades agrícolas (lácteas, biológicas, vacunas) ofrecen el sustento para desarrollar una visión argentina de la producción agroalimentaria en el siglo XXI.

Venado Tuerto (Sur de Santa Fe), dispone de la virtualidad necesaria para convertirse en el eje territorial de esta visión global. Los "espacios de productos" muestran la siguiente estructura: poseen un denso núcleo central, compuesto por bienes capital-intensivos, tanto de capital fijo como humano. Hay en ellos un *cluster* central, altamente intensivo en conocimientos, producto de un esfuerzo acumulado de aprendizaje social.

Ese denso núcleo central se caracteriza por la riqueza del capital humano acumulado, el más avanzado del mundo junto con el norteamericano (es el caso de AACREA y la Asociación de Siembra Directa, entre otros).

En todos los casos, importa establecer el grado de conexión de las diversas actividades posibles con el "denso núcleo central"; y fijar de esta manera según él la capacidad de inducción y de cambio del núcleo central con cada una de las actividades posibles.

La primera de esas condiciones, y la decisiva en términos estratégicos, es la que vincula al nuevo agro (el "denso núcleo central") con el sistema mundial de producción de agroalimentos, en el momento en que la producción capitalista se vuelca hacia la bioeconomía, y cuando la demanda mundial de alimentos se duplica en los próximos 20 años, con una población mundial que crece en 2.000 millones en las próximas 4 décadas.

Lo que otorga al nuevo agro argentino su explosiva capacidad de expansión y su aptitud para inducir cambios en los otros sectores económicos, es que, con la mediación de la explotación en gran escala de las reservas de shale gas y shaleoil en Vaca Muerta, Neuquén, puede inducir en forma directa y a través de la inversión trasnacional, un salto cualitativo en el desarrollo argentino, en primer lugar el industrial.

Lo que ha sucedido en los últimos 20 años es que la Argentina se ha especializado en la alta tecnología de la producción agroalimentaria, y esto ha ocurrido en el momento en que el capitalismo avanzado pasa de la economía industrial y de servicios a la bioeconomía; y cuando la producción agroalimentaria experimenta, según FAO/OCDE, la mayor expansión de sus 10.000 años de historia.

Por eso la producción argentina, tanto agrícola como industrial, puede experimentar en esta próxima década una súbita y extraordinaria expansión, superior incluso a la de 1870-1913, cuando fue la primera del mundo en crecimiento, por encima de EE.UU.

En la segunda década del siglo XXI, la Argentina es uno de los países más conectados con el "denso núcleo central" de la época. De ahí sus posibilidades excepcionales de expansión, en la medida en que su inserción en estas tendencias globales se guíe por una visión estratégica de largo plazo, que es la propia de un Estado enérgico y audaz en términos políticos.

La productividad de un país reside en la diversidad de sus capacidades no transables, inmediatamente disponibles; y la diferencia entre sus diversos niveles de ingresos es el resultado de las distintas dimensiones de su complejidad económica.[62]

Por eso el nivel de complejidad de su economía fija el tipo de productos que es capaz de desarrollar en el futuro, lo que significa que los nuevos productos (los nuevos espacios de producción) se encuentran implícitos, como condiciones de desarrollo posibles, en las capacidades de producción que dispone.

El desarrollo económico es un proceso de aprendizaje social, que realizan los países al acumular conocimientos productivos y desarrolla la capacidad de hacer una mayor variedad de productos de creciente complejidad y nivel tecnológico.[63]

8.3. Los "espacios de producción" y la complejidad de la estructura económica

Los productos son vehículos del conocimiento, pero éste, al estar inscripto en ellos, requiere un personal que posea la capacidad para comprenderlos, y de esa manera utilizarlos.

Esta es la forma en que se presenta la división del trabajo en la economía moderna: es lo que permite tener acceso a una cantidad extraordinaria de conocimientos que ningún individuo posee o puede poseer individualmente; y los que permiten que ese conocimiento que pocos poseen sea alcanzado y utilizado por muchos, son los mercados y las organizaciones.

---

[62] Hidalgo, César A. y Hausmann, Ricardo, "Thebuilding blocks of EconomicComplexity", PNAS, Vol. 106, No. 26, 2009.
[63] Hidalgo, César A., y Hausmann, Ricardo, The Atlas of Economic Complexity. Mapping Paths to Prosperity, Center for International Development at Harvard University/MIT, 2011.

Esta estructura compleja de la sociedad es la que la torna más inteligente; y el grado de esa inteligencia es sinónimo de su diversidad, y por lo tanto, revela la amplitud de los conocimientos y habilidades de los individuos que la integran.

La organización en forma de red de esa sociedad crecientemente compleja es la que permite especializarse a sus miembros, y al mismo tiempo es la que aumenta extraordinariamente su volumen de conocimientos.

Ricardo Hausmann advierte que el conocimiento puede ser explícito o tácito. Si fuera solamente explícito, todos los países del mundo estarían en condiciones de apoderarse rápidamente de las tecnologías de frontera. Pero ocurre que la mayor parte del conocimiento es tácito, y por lo tanto endógeno en cada pueblo e individuo.

El conocimiento tácito es el esencial, porque condiciona y dificulta el proceso de crecimiento y desarrollo económico, y fija el nivel de ingreso real per cápita que puede alcanzar una sociedad determinada.

En el momento en que el conocimiento tácito se especializa, se transforma en capacidades y habilidades, que son las que en forma modular poseen los individuos o las organizaciones de un país determinado como producto de su historia. De ahí que la complejidad de una economía dependa de la multiplicidad del conocimiento inscripto en ella.

En lo que se refiere a la Argentina, la importancia de disponer de una industria con más de 130 años de historia es que la torna poseedora de un complejo y rico acervo de conocimientos y capacidades, que es un factor clave del desarrollo económico.

Este es un punto que es preciso subrayar en la elaboración de una estrategia de desarrollo para la Argentina del siglo XXI. Esto es lo que señala Ricardo Hausmann: "...la complejidad económica se expresa en la composición de la estructura productiva, y refleja su nivel de conocimiento".

Significa que los países hacen los productos que pueden, no los que necesitan. Pero para hacer esos productos necesitan a los individuos y a las organizaciones que posean los conocimientos relevantes para su producción, lo que no es un fenómeno arbitrario, sino histórico-estructural.

En la medida en que los bienes producidos sean altamente intensivos en conocimiento, se requiere para su producción que el país disponga de grandes redes organizativas, preferiblemente transnacionales. Los productos que necesitan grandes volúmenes de conocimiento especializado sólo son factibles de producir por definición en los lugares y países que disponen de ese nivel de conocimiento; y estos, por su naturaleza, son pocos.

El monto de conocimiento de que dispone un país expresa y posibilita la diversidad, ubicuidad e intensificación de los productos que es capaz de producir. Esto es más importante, en el caso de la industria argentina, que establecer su capacidad competitiva en un momento determinado, que se revela en la situación de déficit en la balanza comercial manufacturera.

La diversidad de un país y su importancia en términos de desarrollo económico se relaciona con el número de productos que es capaz de realizar; y en el mundo de la globalización, éstos son iguales al número de vínculos que posee ese país respecto a las redes que constituyen la economía mundial.

Justin Yifu Lin, economista, ex vicepresidente del Banco Mundial

8.4. El caso argentino y sudamericano de los últimos 10 años: crecimiento sin desarrollo inducido por la demanda global de commodities con eje en China.

Los sectores que más rápidamente aumentaron su productividad en la Argentina a partir de la década del 90 –agrario y manufacturero– son los que tuvieron la mayor pérdida relativa de empleo; y los que experimentaron el mayor crecimiento de la fuerza de trabajo fueron el gobierno (empleo público) y la economía urbana informal, que son los que tienen el menor nivel de productividad.[64]

Significa que la convergencia estructural (aumento del ingreso per cápita+ alza de la productividad por encima de EE.UU.) ha sido nula o negativa en la Argentina, y los sectores que más se han expandido han sido los de menor productividad y mayor informalidad.

El desarrollo económico consiste en que los recursos (capital y trabajo) se coloquen en los ´´sectores convergentes´´, que son los de más alta productividad; y en el caso de la Argentina ante todo el agro y

---

[64] Rodrik, Dani, "The Future of Economic Convergence", op. cit., pp. 30 y ss. TambiénverWacziarg,Romain,"StructuralConvergence",Stanford University,International Seminar on Macroeconomics in Dublin, Ireland, June 8-9, 2001.

145

la manufactura, sobre todo la proveniente de la inversión extranjera. Sólo entonces se produce el proceso de convergencia estructural o desarrollo económico, y no solamente el crecimiento sin desarrollo, como ha ocurrido en la década pasada.

La industria manufactura es crucial en el proceso de convergencia estructural, por encima incluso de la producción agrícola súpercompetitiva que dispone el país. Sin ella, queda afuera de la convergencia estructural el sector más relevante en la composición del producto interno.

El proceso de convergencia estructural (desarrollo económico) comienza cuando logra abarcar al conjunto de la manufactura, lo que significa su previa reconversión. Sólo la manufactura reconvertida puede generar los empleos de alta productividad capaces de ser ocupados por la mano de obra desocupada en otros sectores (ante todo, la administración pública).

Un enfoque estructural-estratégico del desarrollo económico no se confunde con las políticas macroeconómicas de estabilización (que son la condición, pero **no** la causa del desarrollo), ni con las instituciones capaces de canalizar la productividad, pero que son un subproducto del desarrollo estructural, no su impulso fundamental.

Lo esencial es la modificación que se realice en la composición estructural del producto, y la diversificación que se logre en la actividad manufacturera. El punto fundamental de una visión estructural del desarrollo es que requiere ser impulsado por el cambio político, y como parte de él.

Lo decisivo es lo que suceda con la reconversión de la manufactura. Allí debe darse el proceso de ´´destrucción creadora´´, que hace que los capitales y los trabajadores provenientes de los sectores de baja productividad se vuelquen a la industria manufacturera reconvertida. Para este proceso esencial, el papel activo y estratégico del Estado, fundado en una visión de largo plazo de carácter global, es fundamental.

Capítulo 9

La modernización de la infraestructura como requisito del desarrollo económico

9.1. La Hidrovía Paraná-Paraguay como principal instrumento de despliegue del boom agrícola de los últimos 20 años

La Argentina vende al mundo 75% de los granos que produce. Este es el dato central que define su inserción internacional, y es la base y el fundamento de su relevancia en el sistema global.[65]

Por eso su importancia estratégica en el mercado internacional es mayor que su conducción productora. La Argentina es el octavo productor mundial de alimentos, pero es el quinto exportador en el mundo; y si se cruza sus exportaciones con su producto bruto per

---

[65] Roccatagliata, Juan, *Argentina: Una Visión Actual y Prospectiva desde la Dimensión Territorial*, Buenos Aires, Emecé, 2006. Especialmente véase artículos de Juan Roccatagliata: "Las redes de transporte y la interacción espacial. Hacia un sistema intermodal y sustentable de transporte." y Norberto Corvetto: "Actividades económicas y reconversión productiva. Los cambios en la base económica, en la estructura social y en la organización espacial".

cápita y su población, entonces es la primera exportadora mundial de agroalimentos. Ésta es la singularidad de la Argentina desde que emergió en el comercio internacional en los últimos 30 años del siglo XIX; y es el fundamento y la razón de ser de su papel crucial en el mercado mundial de alimentos, el de más rápida expansión en la segunda década del siglo XXI.

La producción de commodities agrícolas es una actividad cuya rentabilidad depende de dos variables: la magnitud de los volúmenes producidos y los costos del transporte (o fletes).

La cosecha de granos ascendió en 2011 a 95 millones de toneladas (55 millones de toneladas de soja), que colocada en el mercado mundial valía 28.000 millones de dólares. En esta producción, los gastos de transporte y fletes representaban 24% del precio total. Disminuir el costo de los fletes en 1 punto, equivale a aumentar la rentabilidad en 5 puntos.

La canalización y señalización de la Hidrovía del río Paraná, desde Santa Fe al Atlántico, ha sido uno de los componentes centrales del boom agroalimentario argentino iniciado en la década del 90, de una importancia estratégica similar a la siembra directa, las semillas genéticamente modificadas (GM), o la nueva estructura de producción en red (pooles de siembra).

La transformación cualitativa de la navegación del río Paraná provocada por la construcción de la Hidrovía puede cuantificarse, a través del auge del transporte por esa vía navegable.

El transporte por el río Paraná movilizaba 750.000 toneladas en 1998; y en 2006, había superado 13 millones de toneladas. En 20 años, la traza fluvial multiplicó por 18 el nivel de cargas; y en el tramo Norte (desde Santa Fe hasta Asunción), todavía no canalizado ni señalizado, el movimiento pasó de 2 millones de toneladas en 1991 a 8,5 millones en 2005.

El transporte por barcazas es decisivo para las exportaciones agrícolas; en 1990, las barcazas eran 258 y transportaban 300.000 toneladas; y en 2007, habían aumentado a 1.800, capaces de transportar 2.25 millones de toneladas. Las barcazas superaban las 1.900 en 2010, y su capacidad había aumentado a 3 millones de toneladas. Los trenes de hasta 16 barcazas, incluyendo los nuevos modelos "Jumbo", avanzan al impulso de empujadores con una capacidad de 9.000 hp a una velocidad de 10 km por hora, que tardan 8/9 días para recorrer el tramo Corumbá-Puerto San Martín.

El complejo sojero es responsable de 40.9% de la carga transportada, asciende a 51% si se suma los otros productos agrícolas. El flete promedio ascendía a 1,6 centavos de dólar/tonelada/kilómetro.

La importancia crucial de llevar la Hidrovía hacia el norte, hasta Corumbá, es que integraría la inmensa cuenca agroalimentaria del río de la Plata/Paraná/Paraguay, en torno a su eje productivo, el clúster de la industria aceitera desplegado sobre la costa oeste del Paraná –desde Santa Fe a Villa Constitución–, el mayor y más avanzado tecnológicamente del mundo, con epicentro en Rosario, ciudad y puerto oceánico.

En esta gran cuenca mediterránea se encuentra la producción de granos (soja) del Oriente boliviano (Santa Cruz de la Sierra), y la del Paraguay, que ya es la cuarta del mundo.

También hay que sumar la producción de los estados del Sur Oeste brasileño, corazón del "cinturón verde" sojero (Mato Grosso, Mato Grosso do Sul, Goiana), cuyo puerto de salida al mercado mundial no es Santos, ubicado a 3.000 km de distancia por rutas intransitables, sino Rosario. La Hidrovía hacia el Norte es el principal instrumento de este gigantesco proceso de integración económica y geopolítica, con eje en Rosario y la Región Centro.

Capítulo 10

Una estrategia de desarrollo para la Argentina del siglo XXI

10.1. El agro más competitivo del mundo, que es el argentino, integra la vanguardia de la bioeconomía global, salto cualitativo del proceso productivo con alcance civilizatorio. El papel del MERCOSUR y la alianza productiva agrícola e industrial entre Brasil y la Argentina

La estructura tecnológica y organizativa del agro argentino surgida en los últimos 20 años la integra irreversiblemente a la industria, ante todo la manufacturera, y la convierte en el motor fundamental para desarrollar el conjunto del sistema productivo, así como en el impulso esencial de su reconversión.

A partir de esta nueva vinculación, la actividad manufacturera puede adquirir los niveles de productividad que ha logrado previamente la producción agroalimentaria, y así competir en los mercados mundiales, lo que hasta ahora no ha sucedido.

La producción agrícola se ha convertido en una inmensa red de innovación a través de una densa estructura contractual hondamente descentralizada, que vincula a sus múltiples protagonistas individuales, profundamente especializados y de alto nivel tecnológico y profesional.

El papel fundamental de esta inmensa red de creación de valor lo cumplen los *pooles* de siembra. Son organizaciones que se despreocupan de la propiedad de la tierra y de la maquinaria agrícola, y que fijan su atención obsesivamente en la innovación tecnológica y en el desarrollo de la producción en gran escala. Para ello, utilizan enormes capitales, que recaudan directamente del sistema financiero internacional.

En este sistema, la dimensión científico-tecnológica atraviesa a todos los protagonistas, y modifica su naturaleza. Ella cumple un papel más fundamental en el proceso de acumulación agroalimentaria que el trabajo o el capital.

Por eso, el agro argentino se ha transformado en un *cluster* de conocimiento e innovación de importancia mundial, en el que el todo es más importante que las partes, y en el que la sinergia del conjunto alienta fenomenalmente a la productividad.

Esto implica que la producción agrícola argentina ha perdido su ruralidad. Se ha convertido en una actividad urbana, centrada en pueblos y ciudades del Interior, de alto nivel tecnológico y cultural, y elevada calidad de vida. Al igual que sucede en el capitalismo avanzado, fundado en la revolución tecnológica de la información e Internet, el agro argentino se ha desterritorializado.

Ha dejado de ser, como ocurría antes de 1991, un enclave exportador de alta productividad, pero estructuralmente aislado del resto del sistema productivo, y en especial de su industria.

Esta última, orientada hacia el mercado interno y de bajo nivel de productividad, respondía exclusivamente a la demanda de los grandes centros urbanos, sustentada en el valor salarial de los trabajadores industriales y de servicios.

Esta dicotomía estructural ha terminado. La producción agrícola en red "desruralizada" se ha convertido en parte integrante –la más avanzada e innovadora- de la actividad manufacturera.

De ahí que el impulso a la reconversión industrial surja ahora de abajo hacia arriba, de la producción primaria –la más avanzada y competitiva del mundo- a la actividad manufacturera, a través de la mediación del sector de maquinaria agrícola. A partir de estos cambios, la Argentina no tiene más futuro que agro-industrial, actividad integrada de alta tecnología y superior productividad, capaz de crecer constantemente en los mercados mundiales.

Por eso, el acuerdo Unión Europea/Mercosur, de inminente suscripción, sería el primer tratado de libre comercio verdaderamente relevante firmado por la región. Mercosur (Brasil/ Argentina/ Uruguay/ Paraguay/ Venezuela) se encuentra prácticamente aislado frente a la acelerada integración mundial; y mantiene sólo dos tratados de libre comercio, uno con Israel y otro con la Autoridad Nacional Palestina (ANP).

La UE fue el mercado más importante para las exportaciones agroalimentarias argentinas y brasileñas, y hoy no lo es más, porque ambos países dirigen ahora la masa de su producción hacia los grandes mercados asiáticos (China/India), convertidos en el eje de la demanda mundial, ante todo de alimentos.

UE-Mercosur tiene como antecedente el acuerdo suscripto por Canadá y la Unión Europea en octubre pasado, y su característica fundamental es que amplía los cupos de las exportaciones agrícolas canadienses.

Un dato de relevancia estratégica en este acuerdo es que la ampliación del cupo de las exportaciones agroalimentarias canadienses fue una "mejora de oferta" europea, lo que supone una actitud distinta de su parte, dominada hasta ahora por el lobby agrícola.

Quizá la nueva actitud de la UE responda a un replanteo de fondo de su visión, surgida de su situación de crisis y de la percepción de su creciente irrelevancia internacional. De ahí que la UE haya aceptado negociar con EE.UU. un acuerdo de libre comercio, lo que implica desmantelar su estructura de subsidios y eliminar la Política Agrícola Común (PAC).

Para ubicar el papel de Europa en el sistema mundial hay que advertir que hoy representa 7% de la población del planeta y será 4% en 2030, con una participación en el producto global de 10% o menos para entonces.

La parte del Mercosur en las importaciones de la UE es reducida: 2,6% en el trienio 2004-2006; y lo mismo ocurre con sus exportaciones a Europa: eran 24,5% del total entre 1998 y 2000, y ahora son 21,5%.

Las principales exportaciones del Mercosur, sobretodo de Brasil y la Argentina, son productos agrícolas, y por eso ha sido la PAC/Francia el mayor obstáculo para un acuerdo de libre comercio entre las dos regiones. La consecuencia es que la participación europea en las importaciones de productos agrícolas globales era 18,2% en 1991 y es ahora 3,2%.

Mercosur ha concedido que la UE reserve la cuestión de la PAC y de las subvenciones domésticas a las negociaciones multilaterales de la OMC. Por eso espera que las ganancias en materia agrícola se realicen bajo la forma de ampliación de los cupos. Esto hace que su magnitud sea la cuestión esencial sujeta a negociación; y que por necesidad un acuerdo entre ambas partes sea obligadamente limitado y poco ambicioso.

Europa gastará 281.800 millones de euros en la Política Agrícola Común (PAC) en el período 2014-2020. Esta cifra representa más de 40% del gasto total comunitario, e implica que la Unión Europea ha optado existencialmente por el pasado y de esa manera profundiza necesariamente su creciente irrelevancia internacional. Las prioridades sudamericanas en materia agrícola están situadas hoy en el otro extremo del planeta, en el nuevo eje del proceso de acumulación global, en Asia.

10.2. Alianza estratégica con Brasil. Nuevo papel global de Brasil convertido, junto con China e India, en el eje de la acumulación global.

Para comprender en toda su importancia el significado de la producción agrícola de Brasil y la Argentina en los últimos 20 años, como los grandes protagonistas de la alimentación mundial del siglo XXI, es imprescindible colocarlas en un contexto global, sobre todo referido al indicador fundamental de su eficacia productiva, también denominada aumento de la productividad de todos los factores.

El Departamento de Agricultura de EE.UU (USDA) realizó en 2012 el primer estudio sistemático de esta cuestión central para la seguridad alimentaria del mundo de hoy, y sus conclusiones esenciales fueron las siguientes:

En primer lugar, advierte que la mayor parte del crecimiento del producto agrícola global provenía antes de 1991 (caída de la Unión Soviética y unificación del sistema) de la intensificación en el uso de los insumos (trabajo/ capital/materiales técnicos utilizados por superficie sembrada), a los que se le sumaba la incorporación de nuevas tierras para la producción.

En los países avanzados, el capital fue el insumo que experimentó el mayor proceso de intensificación, con un despliegue extraordinario del parque de maquinaria agrícola, siendo el epicentro de este proceso de mecanización, el agro estadounidense.

En los países en desarrollo y emergentes, el insumo que más creció fue la fuerza de trabajo, y luego los fertilizantes y las semillas aplicadas por unidad de tierra sometida a la producción. Estos insumos técnicos fueron denominados en su conjunto "revolución verde".

En las últimas dos décadas, el nivel de intensificación en la utilización de insumos ha disminuido drásticamente, tanto en el mundo avanzado como en el emergente. También cayó en este último la tasa de expansión de la tierra utilizada para la producción, **salvo en Brasil**, dónde comenzó el proceso de incorporación de los 20 millones de hectáreas del "cerrado", situado en los estados del Noreste (Maranhao, Bahía, Piauí, Tocantins y Ceará).

El lugar dejado por la intensificación de insumos como principal impulso a la producción ha sido ocupado por la obtención de un incremento en la eficacia de la utilización de los existentes.

Esta tendencia se ha acelerado a partir de 2001, en que, se desató el tercer superciclo de los commodities, en el que la demanda crece por encima de la oferta, a pesar de su expansión récord. Este superciclo es resultado directo de la irrupción de China e India en el mercado mundial.

A partir de entonces las mejoras en la productividad de todos los factores representaron más de 3/4 partes de su incremento. La clave de este aumento extraordinario de la eficacia en el uso de todos los factores (PTF) reside en la aparición de los países de América del Sur, ante todo Brasil y la Argentina, como los grandes protagonistas de la política agroalimentaria del siglo.

USDA estima que ha sido la capacidad de innovación tecnológica y organizativa de Brasil y la Argentina la fuente esencial del aumento de la producción agrícola en el mundo en los últimos 15 años.

La productividad agrícola creció 2.67 % por año en América del Sur entre 2001 y 2010, mientras que los insumos utilizados aumentaron 0,7% anual. Hay un boom de la producción de maíz en Brasil, como respuesta al hecho crucial del mercado agroalimentario mundial, que es la virtual desaparición de las exportaciones estadounidenses en el período 2012-2013.

Se prevé una cosecha récord de 75 millones de toneladas en 2012, gracias a la segunda zafra (*safrinha* de verano), realizada en los primeros meses del año, que asciende a 17/20 millones.

Aun así, Brasil sólo puede exportar 15 millones de toneladas (que es menos que la capacidad exportadora de la Argentina), debido a su necesidad de satisfacer previamente una gigantesca demanda interna, impulsada por su población de 194 millones de habitantes, cuando el consumo doméstico crece 6% anual, en condiciones de pleno empleo.

A diferencia de la soja, que se dirige a China en más de un 90%, las ventas de maíz se orientan mayoritariamente a Medio Oriente, y en especial a Irán. El resto se coloca en Asia, pero no en la República Popular, sino en Taiwán y Japón. Las ventas de maíz a la República Islámica crecieron 30% en 2011 (1,9 millones de toneladas).

El salto de productividad del agro brasileño es la causa fundamental de su éxito exportador. La producción de maíz por hectárea creció 27% en 2011, y el área sembrada se expandió 10,7%. En 1990/91, Brasil producía 15,4 millones de toneladas de granos; y en 2010/2011, ascendió a 72,2 millones (cinco veces más). La productividad era de 1,58 tn/ha. en 1990/91, y trepó a 3 tn/ha. en 2010/2011.

El freno al agro brasileño no está en la demanda (las importaciones chinas crecieron 342 % en los primeros seis meses del año), ni tampoco en la oferta (clima/productividad), sino que está constituido por el carácter ruinoso de la infraestructura, tanto en rutas como en puertos.

Los cuellos de botella logísticos reducen en 2 millones de toneladas el volumen de las exportaciones de maíz, y en general de granos. El costo del transporte es U$S 60/U$S 70 mayor que el de EE.UU, y un porcentaje superior comparado con los de Argentina.

La rémora que implica la infraestructura, también golpea a la producción de soja. Pero la demanda china arrasa con esas limitaciones. Las ventas a la República Popular crecieron 41% en 2011, y este año aumentarían 50% o más.

Los primeros que han advertido el significado del boom del maíz en Brasil son los productores de carne norteamericanos, que comenzaron a importar el grano en gran escala, sin esperar la cosecha estadounidense, afectada en 88% por la mayor sequía de los últimos 60 años.

El anuncio realizado por Dilma Rousseff de un plan de inversión privada de U$S 65.600 millones hasta 2035 en el desarrollo y modernización de la infraestructura ferroviaria y caminera, busca desatar el freno que obstaculiza el extraordinario potencial agrícola brasileño.

El plan prevé la inversión y gestión privada en 7.500 kilómetros de rutas y en 10.000 kilómetros de ferrocarril. El esfuerzo se concentra en dos regiones: **Sudoeste**, donde está la actividad industrial; y **Centro Oeste**, corazón de la producción agroalimentaria, con eje en Mato Grosso, en que transcurre el boom de la soja.

Hay que prever lo que será la producción agroalimentaria brasileña en 5/10 años, cuando comience a utilizar las nuevas rutas, puertos y líneas ferroviarias. El boom de la producción de granos en Brasil recién se encuentra en su fase inicial.

10.2.1. Reconversión de la industria brasileña: bajo nivel de productividad y altos costos de producción

La producción industrial brasileña cayó en marzo de este año -0,9% anual, y -0,5% con respecto al mes anterior. Al mismo tiempo, los 100 principales economistas consultados por el Banco Central de Brasilia coincidieron en la apreciación de que la tasa de crecimiento en 2015 estaría por debajo del 2% anual (1,91% fue la estimativa promedio) mientras que la de este año sería todavía menor: 1,63%.

Brasil tendría así cinco años consecutivos con un nivel de expansión de 2% anual, o incluso inferior, sumado a una tasa de expansión potencial de largo plazo (5 / 10 años) que habría caído a un nivel de 2% por año, virtual estancamiento, con características de depresión estructural.

Esto sucede en un país que es la sexta economía del mundo, con un PBI mayor que el de Gran Bretaña o India; y que es el cuarto del sistema mundial en capacidad de atracción de inversiones extranjeras directas (IED), que ascendieron a U\$S 66.500 millones en 2013, y que es una muestra al carácter preferencial que tiene Brasil – uno de los 3 principales países emergentes – para las empresas transnacionales (ETN's), que son los actores esenciales del capitalismo en su fase de globalización, a través de las cadenas globales de producción.

La crisis industrial brasileña se revela con nitidez en la composición de su PBI manufacturero. Sólo los bienes de consumo (semidurables e intermedios) mostraron en marzo alguna forma de crecimiento (aunque quizás lo más preciso sería señalar que no cayeron y se mantuvieron planos), en tanto que la producción de bienes de equipo y de capital (máquinas-herramientas), que constituyen el núcleo de la producción industrial manufacturera, virtualmente se desplomó, con una caída de -8,4% anual (-3,6% con respecto a febrero). Las máquinas-herramientas son el sector de la acumulación industrial que deciden la suerte del ciclo y fijan la tendencia.

Se puede afirmar que la economía brasileña no experimenta una fase de bajo crecimiento del PBI industrial, sino un fenómeno de otra naturaleza, que es un caso extremo de desindustrialización (reversión del proceso de industrialización).

La razón de este fenómeno de fondo, que incluso afecta el posicionamiento de Brasil en el plano global, es de orden estrictamente interno, de carácter exclusivamente doméstico. Los costos de producción de la industria manufacturera aumentaron 65% en los últimos 5 años, mientras que los de sus competidores en el mercado mundial – EE.UU, Corea del Sur, China – crecieron 1%, 18% y 20% en ese período.

Esta explosión de costos de la producción brasileña consecuencia directa de la débil o nula productividad de su industria, que se ha expandido 21,2% por año entre 1980 y 2012. Esto es, ha crecido durante tres décadas a una tasa inferior a la del aumento del PBI per cápita.

De ahí que la industria brasileña pierda posiciones respecto a sus competidores extranjeros, incluso en el mercado doméstico. El resultado es que casi 100% del consumo de bienes industriales fue cubierto por la producción foránea en 2013, mientras que la proporción era sólo 40% en 2010. En esta medida, y por estas razones, Brasil experimenta una situación de aguda y creciente desindustrialización.

Vista más de cerca, y en términos históricos, el proceso de desindustrialización que experimenta Brasil revela la imposibilidad de desarrollarse industrialmente en las condiciones de la globalización, en especial cuando su integración en el sistema mundial no sólo ha adquirido un carácter irreversible, sino que este coincide además con un salto tecnológico en los países avanzados que constituye una nueva revolución industrial. Por eso, el proteccionismo ha dejado de ser una opción, no sólo por su anacronismo doctrinario, sino porque el avance del proceso histórico de integración mundial del capitalismo lo ha vaciado de sentido.

Lo que sucede en Brasil y en su industria es extensible a todos los países emergentes, incluyendo China y los asiáticos, y es aplicable en primer lugar a la Argentina, que es el tercero de los grandes países industriales latinoamericanos, junto con México y Brasil.

El acontecimiento crucial de la desindustrialización brasileña puede sintetizarse en los siguientes términos: en la etapa histórica de la acumulación capitalista que se ha iniciado en los últimos 5 años (caída de LehmanBrothers / septiembre de 2008), que coincide con una nueva revolución industrial en el mundo avanzado, el desarrollo de la industria manufacturera es una variable dependiente de las pautas de productividad y competitividad establecidas en EE.UU, Alemania y el Reino Unido.

Se ha producido una ruptura sistémica, cualitativa, en la producción industrial avanzada; y este fenómeno central de la época ha agotado históricamente la posibilidad de un desarrollo industrial sustitutivo orientado hacia el mercado interno. El ciclo iniciado en América Latina en la década del '30 ha concluido irreversiblemente. La industrialización sustitutiva se transforma en esta etapa de la historia del mundo en un no- concepto, una imposibilidad histórica.

Es la época la que define las condiciones del desarrollo industrial de los países emergentes, al fijar un nuevo marco de lo posible y lo imposible, y es la que exige converger aceleradamente hacia los niveles de productividad y competitividad del mundo avanzado; y esta exigencia – que se presenta con el duro rostro de la necesidad, es independiente de los niveles de ingreso de los países a los que afecta. La manufactura brasileña revela a través de la crisis una estructura heterogénea y desarticulada, con brechas profundas de productividad entre los sectores avanzados, que incluye al agro hipercompetitivo surgido en los últimos 20 años, y los segmentos retrasados, que divergen y profundizan su heterogeneidad cada vez más.

Lo que sirvió a Brasil antes – fue el país de mayor crecimiento industrial del planeta entre 1950 y 1980 –, no le sirve ahora; y lo que fue la causa de su exitoso proceso de industrialización sustitutiva, es ahora la raíz de su dramática desindustrialización.

10.3. México y la nueva revolución industrial: la contrapartida del crecimiento sobre la base de la industria sustitutiva de Brasil y la Argentina. México y la CEPAL

El comercio internacional de México con el resto de América Latina representa 4% del total, y menos del 1% el que mantiene con sus pares de la Alianza del Pacífico (Colombia, Perú y Chile); y sus exportaciones manufactureras (US$ 330.615 millones en 2013) son más del doble que la suma de las ventas industriales del resto de la región y se dirigen en un 92% al mercado norteamericano.

La participación en la Alianza no representa para México una mejora en sus exportaciones, sino un posicionamiento geopolítico/estratégico global, dentro del proceso de integración mundial acelerado de la segunda década del siglo XXI.

Los cuatro miembros de la Alianza tienen acuerdos de libre comercio

(TLC) con EE.UU. y Europa, y dos de ellos poseen sendos tratados con China (Chile y Perú). La relevancia de los países de la Alianza del Pacífico no se mide por el PBI, el monto de las exportaciones o la específica inserción internacional, sino por su condición de protagonistas de las redes que constituyen el actual sistema mundial.

La integración del capitalismo representa hoy el marco de lo posible y lo imposible para todos los países y regiones del mundo. El sistema se caracterizó en la década pasada por el traslado del eje del proceso de acumulación desde el mundo avanzado al emergente. En la década actual, el equilibrio internacional se revierte, como consecuencia del despliegue de una nueva revolución industrial en los países avanzados.

La balanza del poder mundial ofrece hoy una doble dimensión: la fijación de las reglas de juego de la economía global (comercio/ inversiones/transferencia de tecnología) y el plano estrictamente geopolítico (estratégico/militar), como ha quedado de relieve con la crisis ucraniana y la contienda estratégico/naval entre China y Japón (Mar del Sur y el Este de China); y por carácter aproximativo con EE.UU., garante de seguridad del ex imperio nipón.

China es la principal potencia comercial del mundo y su industria constituye el núcleo decisivo de las cadenas globales de producción. Esto sucede cuando la República Popular se ha convertido en un actor fundamental de la nueva estructura del poder mundial, en la que EE.UU. no ejerce más la unipolaridad hegemónica que asumió en 1991.

La secuencia de las exportaciones chinas es la siguiente: eran 31% mayores que las de EE.UU. en 2009, crecieron a 62% en 2012 y se duplicarían en 2015. Al mismo tiempo, China aumenta sistemáticamente el gasto militar. En 2013 ascendió a US$ 114.500 millones (+10,7% respecto de 2012) y es el segundo del mundo después de EE.UU.

El gasto de defensa en EE.UU. alcanzó a US$ 577.000 millones el año pasado, cifra superior a la suma de los gastos militares de los 10 países que lo siguen en orden de importancia.

China destina 1/3 de su presupuesto militar al desarrollo de una flota naval de aguas profundas, que ya incursiona en el Índico y en el Pacífico Sur, hasta acercarse a las costas americanas.

La respuesta norteamericana al desafío chino son dos iniciativas de carácter estrictamente estratégico: el acuerdo del Transpacífico, con el que aspira a integrarse con 12 países de la región, incluyendo Japón; y el tratado del Transatlántico, con el que se integraría con 27 países europeos, encabezados por Alemania.

La más relevante es la iniciativa del Transatlántico, porque alberga a los protagonistas de la "nueva revolución industrial". EE.UU. y China son aliados estratégicos (Annenberg, California, 3-5 junio 2013) y al mismo tiempo contendientes geopolíticos, que pujan en el mundo entero, pero especialmente en Asia, en las aguas del Sur y Este del Pacífico (poder naval).

La integración no es lo contrario del conflicto, sino una forma sublimada de realizarlo. Es una contienda que en vez de frenar la globalización, la acelera y profundiza. Todo surge del conflicto y gracias a él.

10.4. El caso mexicano: dualismo estructural e integración con lo más avanzado de la economía global

La economía mexicana ha permanecido virtualmente estancada en las últimas tres décadas –el ingreso per cápita creció un promedio de 0,6% anual, y cayó a 0,4% en 2013-, con una productividad del trabajo que disminuyó de U$S 18,3 por operario/hora trabajada en

1981 (medida según su capacidad de compra doméstica/ PPP) a U$S 17,9 el año pasado.[66]

Correlativamente, la productividad del segmento avanzado de grandes empresas nacionales y extranjeras (+ de 500 empleados) aumentó acumulativamente 5,8% por año desde 1999, en tanto que el de las pequeñas compañías tradicionales (10 empleados o menos), todas ellas mexicanas, disminuyó -6,5% anual en el mismo período.

El resultado es que el crecimiento de la productividad media de la economía mexicana ha sido de sólo 0,8% por año desde 1991, virtualmente irrelevante en términos de expansión productiva.

Lo notable es que el sector tradicional de pequeñas empresas, de nula o baja productividad, es el que absorbe más fuerza de trabajo (responde por 48% del incremento del empleo desde 1999), mientras que las grandes compañías nacionales y extranjeras mantienen, o disminuyen, el porcentaje que les corresponde en este mismo período (20%).

México, en síntesis, es un caso extremo de **dualismo estructural**, no como el de las economías estancadas y en crisis de América Latina de la década del '70, sino en el país emergente que ha experimentado uno de los mayores niveles de expansión manufacturera del siglo XXI; y que está profundamente integrado con la industria norteamericana, y que atrae en gran escala la inversión trasnacional, sobre todo en los sectores automotriz y aeroespacial.

La característica principal de la economía industrial mexicana es que la masa de la inversión extranjera se dirige a la actividad manufacturera (2/3 del total); y a su vez, 70% de ella está constituida por inversiones directas (IED) de tipo "vertical", que la integran a las cadenas

---

[66] Bolio, Eduardo et al, *A tale of two Mexicos: Growth and prosperity in a two-speed economy*, London, McKinsey Global Institute, 2014.

globales de producción, núcleo estructural del capitalismo en su fase de globalización.

Esta es la diferencia fundamental entre la IED que recibe México y la que se dirige a América del Sur, Brasil ante todo, que es de naturaleza primordialmente "horizontal", orientada a cubrir la demanda del mercado interno, una versión actualizada de la estrategia de sustitución de importaciones.

El crecimiento de la industria mexicana, a través de la IED "vertical", es sinónimo de integración con el núcleo de la acumulación capitalista de avanzada del siglo XXI, sobre todo en su vertiente estadounidense.

El comercio bilateral EEUU/México ascendió a U$S 511.000 millones en 2012 (U$S 1.400 millones por día), y más de 80% de ese vínculo está constituido por productos manufacturados (40% de las exportaciones norteamericanas lo integran partes y componentes para la industria mexicana).

La producción compartida (comercio intraindustrial) es casi 50% del total, y es lo que convierte a la integración entre las dos industrias en la más profunda del planeta. Por eso, a medida que se expande la economía industrial mexicana, se profundiza su integración –y por lo tanto su convergencia estructural (alza de la productividad + incremento del ingreso per cápita)- con la manufactura norteamericana, la más avanzada del mundo, que hoy experimenta una "nueva revolución industrial".

Esto le otorga al dualismo estructural mexicano su particularidad histórica, porque el retraso depresivo del Sur del país coincide con un extraordinario avance tecnológico y organizativo en el Norte.
Es un dualismo estructural en el que el segmento más avanzado integra la frontera tecnológica del sistema, mientras que el sector más atrasado se aleja –diverge- cada vez más.

El producto mexicano se ha expandido 2,3% por año desde 1981, y 70% de esa expansión es resultado del incremento de la fuerza de trabajo, mientras que el producto per cápita sólo ha crecido 0,6% anual. El resultado es que la tasa de crecimiento potencial de largo plazo es 2% por año o menos, virtual estancamiento.

La fuerza de trabajo comenzó a declinar, y tras crecer 2% anual entre 1990 y 2010, ahora lo hace a una tasa de 1,2% por año. McKinsey Global Institute estima que es preciso, para evitar esta situación depresiva, que la productividad aumente 4,8% por año, 6 veces la tasa de expansión de las últimas 2 décadas.

Una estrategia de desarrollo en México exige cerrar la brecha de productividad entre los dos segmentos de su economía, revirtiendo el dualismo estructural que es su característica histórica. La prioridad estratégica es aumentar la productividad del segmento más atrasado.

Lo que importa no es establecer la tasa de crecimiento de la economía, sino modificar la forma en que lo hace. Si se mantiene una diferencia constante entre los niveles de productividad de los dos segmentos de la economía mexicana, no hay desarrollo sino mero crecimiento; y la brecha de productividad se convierte en brecha de convergencia.

10.5. Un Estado activo, fundado en una visión estratégica de largo plazo de alcance global. El desafío temporal que enfrentan Brasil y la Argentina es que si en 10 años no hay una participación plena de sus estructuras manufactureras en la "nueva revolución industrial", la región se convierte en lo que ya es: la principal plataforma de producción de proteínas en el mercado mundial, pero permanece ajena y pasiva frente al hecho central de la época

Lo decisivo en el mundo actual no es lo que sucede en el capitalismo avanzado, sino lo que ocurre en el Sur, sobre todo en el corredor comercial entre Asia (China) y América del Sur (Brasil y la Argentina). En este corredor, la producción agroalimentaria argentina cumple un papel esencial, y dentro de ella, el sector estratégico fundamental es la región pampeana y litoral, y cuyo epicentro es Rosario, ubicado sobre la principal arteria fluvial de la región sudamericana (Paraguay, Paraná, Río de la Plata).

El comercio mundial ha dado un salto en los últimos 20 años (1991/2008), y ha vuelto a dar otro −tras la crisis 2008/2009−, convertida en un verdadero punto de inflexión histórico. En 1990, el comercio mundial de bienes y servicios era 39% del PBI global, y en 2010 había trepado a 61%. Significa que entre 1960 y 2010, el comercio internacional de bienes creció 6.1% anual promedio, y a partir de 1990, los bienes y servicios crecieron 5.4% por año.

En los anteriores grandes ciclos de la globalización (el primero entre 1870 y 1913; y el segundo en los "Treinta años gloriosos" posteriores a la Segunda Guerra Mundial), el eje del comercio internacional estuvo en Europa y en EE.UU., sumándose luego Japón, con una participación de un grupo de países de clima templado y colonización reciente, dedicado a la producción agrícola y ganadera, de los cuales los más relevantes (en la primera globalización) fueron Argentina, Canadá y Australia.

En el año 2000, el comercio entre los países emergentes era sólo 6% del total mundial (exclusivamente bienes, no servicios), y representaba 1/10 del comercio interno del mundo avanzado. En 2010, ese porcentaje había aumentado al 30%; y a partir de la crisis global 2008/2009, el comercio intra-emergente crece cuatro y cinco veces por encima del promedio mundial (40% por año vs. 12%/14% anual).

Por eso China se transformó en el principal exportador mundial en 2009, tras dejar atrás a EE.UU., primero, y luego a Alemania. El comercio internacional chino era el año pasado la mitad del europeo

(UE) –la mayor región comercial del mundo–, y en cinco años la deja atrás. Ésta es la tendencia que se acelera a partir de 2008/2009, y el eje del comercio global se traslada hacia el Sur y el Este, o lo que es igual, hacia Oriente (China e India) y América del Sur (Brasil/Argentina/Chile/Perú).

El contenido del comercio internacional se ha modificado en los últimos 20 años. La globalización ha impulsado un redescubrimiento de las ventajas comparativas, sobre todo de los recursos naturales, y ha provocado un vuelco generalizado a la especialización, tanto de regiones como de países.

El resultado es que la década pasada ha sido para América del Sur la mejor del último siglo, al convertirse la región en el principal proveedor de materias primas de Asia, transformada en eje de la demanda mundial de commodities. A partir de 2000, la demanda mundial de commodities comenzó a crecer por encima de la oferta, al irrumpir China e India en el comercio internacional. Ambos países crecen desde entonces por encima del 8%/9% anual, y su población, sumada, representa 42% del total mundial.

Esto desató un nuevo superciclo de los commodities, que a través de un aumento extraordinario de la demanda, elevó sus precios a los mayores niveles de la historia del capitalismo desde la Revolución Industrial. De ahí que alcanzaran un récord histórico en julio/agosto de 2008, y volvieron a superarlos en la última parte de 2010, y en los primeros seis meses de 2011.

Hace 30 años, Brasil era un importador neto de alimentos. Ahora es el segundo exportador mundial, y el primero que ha logrado irrumpir entre los cinco grandes –e históricos– exportadores mundiales de commodities agrícolas (Estados Unidos, Canadá, Australia, Argentina, Unión Europea).

En 1996, el valor total de la producción agrícola brasileña fue de US$ 23.000 millones, y diez años después (2006) trepó a US$ 108.000 millones; un auge de 325%. La producción de soja brasileña fue de 15 millones de toneladas en 1996, de 60 millones de toneladas en 2006, y en 2011 superó los 67 millones de toneladas. Brasil es el segundo exportador mundial de soja, después de EE.UU.; y para esto dispone del 6% de su tierra fértil utilizable.

Según la FAO, Brasil tiene más de 400 millones de hectáreas de tierra fértil potencialmente utilizables para la producción; y hasta este momento sólo ha utilizado 50 millones de hectáreas.

Dos tercios del superávit comercial brasileño (US$ 14.627 millones) es obra de las exportaciones agroalimentarias; el resto, prácticamente en su totalidad, proviene de las ventas externas de mineral de hierro. El superávit de Brasil en la balanza comercial agroalimentaria (US$ 27.500 millones en 2005 / US$ 35.000 millones en 2009) es el mayor del mundo.

Brasil es el mayor exportador de carne en el mundo, el segundo productor a escala global, y tiene 24% del mercado mundial. Es también el principal exportador de carnes blancas, y controla 35% del mercado. En la soja, es el segundo exportador mundial después de EE.UU., con 35% del mercado internacional. Es el primero en etanol (55% del mercado mundial); y directamente controla 80% del mercado global de jugo de naranja.

¿Cuánto vale el sector agroalimentario brasileño? En cifras de 2005, su valor ascendía a US$ 254.000 millones (aproximadamente 28% del PBI); ahora es al menos el doble, aunque como porcentaje del PBI –que este año asciende a US$ 2.1 trillones de dólares, medido en capacidad de compra doméstica– haya disminuido. Es el resultado del hecho de que el valor de las exportaciones agroalimentarias brasileñas ha aumentado 20% anual promedio en los últimos 10 años.

El nuevo agro brasileño, que transformó a un país que era importador neto de alimentos en 1970, en uno de los tres principales exportadores del mundo, surgió a mediados de la década del 80. La crisis fiscal obligó entonces a desmantelar el aparato del intervencionismo estatal en los mercados agrícolas, vigente desde los años 30 –el *Estado Novo* de Getúlio Vargas–, a través de la privatización de múltiples empresas estatales y de la liquidación de las juntas reguladoras del café, el azúcar y el trigo. De esa forma se terminó con la política de canalización de recursos del agro hacia la industria y el Estado, esto es, el empleo público.

Luego, el Plan Real (1994) dio fin a la megainflación característica de la economía brasileña desde la década del 50 (más de 1000% anual en 1993), y la redujo a 4%/5% en el año. Eso permitió la creación de auténticos mercados agrícolas domésticos y aumentó, en una proporción similar, la productividad. También se eliminaron las restricciones a la inversión extranjera directa, facilitando el ingreso masivo de empresas transnacionales agroalimentarias, sobre todo de tipo industrial.

La gran restricción del crecimiento de la producción agrícola brasileña es la infraestructura. Se estima que el costo logístico de las exportaciones de soja, y en general de commodities agrícolas, desde Brasil es 83% superior al de EE.UU. **y 94% mayor que en la Argentina**.

Lo que esto indica es que la Argentina es el productor de soja más competitivo del mundo. La gran ventaja competitiva de la Argentina reside en la infraestructura logística de su sistema de exportación de commodities agrícolas. Esta infraestructura es ante todo la Hidrovía sobre el Paraná, que ha convertido a Rosario en puerto oceánico.

Hay una sola historia comparable al boom agrícola brasileña de los últimos 30 años. Es la revolución agrícola realizada por la Argentina en las últimas dos décadas. En estos dos agros está el futuro de la oferta mundial de alimentos.

Capítulo 11

La Argentina que viene

11.1. Una estrategia de desarrollo nacional en el contexto de una nueva revolución industrial y de un boom de demanda de alimentos en los países asiáticos y el mundo en desarrollo

La tasa de crecimiento potencial de la Argentina a largo plazo es 2,5%/3% anual, semejante al nivel de expansión que ha experimentado en los últimos 100 años, salvo en los picos inducidos por la demanda internacional, o en los pozos provocados por las crisis del sector externo, que muchas veces derivaron en depresiones de 10/20 años de extensión, como ocurrió después de 1950, y sobre todo a partir de la década del '70, con epicentro en el colapso de 1975.

La Argentina ha dejado atrás la última crisis del sector externo que comenzó en octubre de 2011, y adquirió características de emergencia a partir de diciembre del año pasado.

En ese mes, la pérdida de reservas del Banco Central, que había alcanzado en los dos años previos un nivel promedio de U$S 1.000 millones mensuales (-U$S22.000 millones desde octubre de 2011), trepó súbitamente a U$S 2.400 millones en diciembre, que serían casi U$S 3.000 millones en enero (U$S 2.940 millones).

Al concluir enero, quedaban en el Banco Central U$S 16.600 millones de reservas inmediatamente disponibles, si se descuentan los créditos swaps con otros Bancos Centrales y los depósitos en dólares en el sistema financiero de los inversores privados.

Frente a esta situación, el país debía afrontar obligaciones por más de U$S 18.000 millones en los próximos dos años, surgidos del pago de intereses de la deuda reestructurada en 2005 y 2010, además de una cuenta energética por U$S 13.000 millones en 2014, que es preciso pagar en efectivo, con el valor del precio del crudo (Brent) de la semana.

Si se producían dos meses más de caída de las reservas del Banco Central en los niveles de diciembre y enero, el país ingresaba en un virtual default de la deuda pública, en forma involuntaria y unilateral, pero efectiva y enfrentaba la imposibilidad de pagar las importaciones energéticas, lo que acarreaba inexorablemente la paralización del país.

La política en la Argentina, un país con instituciones débiles, sin partidos políticos de alcance nacional, y con una sociedad volcada en todos sus sectores a la acción directa, tiene pocas reglas, pero esta es una y nítida: un gobierno que pierde las reservas del Banco Central, se apresta a caer, tras ver cómo se desvanece la totalidad de su poder político.

Por eso, en el mes de enero se tomaron dos decisiones de fundamental importancia: se desató la devaluación de los días 21 y 23 (+17%), que alcanzó en los 30 días a 30%.

Todavía más importante, se aumentó la tasa de interés de 16% a 30% en una semana por decisión de las autoridades del Banco Central (Juan Carlos Fábrega).

Así se logró revertir la crisis cambiaria desatada en diciembre de 2013, que amenazaba en convertirse en corrida bancaria durante las primeras dos semanas de enero, cuando comenzaban a presentarse síntomas de pánico entre pequeños y grandes inversores, como lo indicaban los valores ajenos a todo cálculo económico del dólar paralelo (blue).

Superada la crisis, el país ha comenzado a transitar la etapa final y decisiva de la transición política que lleva a las elecciones de 2015 y al surgimiento de un nuevo sistema de poder acorde a la Argentina y el mundo de la segunda década del siglo XXI.

Así, al concluir el período histórico que comenzó en 2003, el país se encuentra en una situación en la que ha desaparecido el riesgo de colapso del poder político que experimentó en gran escala en diciembre de 2013 y enero de 2014, y al mismo tiempo cuenta con una tasa de crecimiento de uno o dos puntos del producto, coincidente con sus niveles de expansión potencial de largo plazo.

Para crecer a un nivel superior –quizás 3 o 4 puntos mayor-, que es el que le permite el actual contexto mundial, que es el más favorable de su historia, aun con la actual tasa de inversión, es necesario realizar un conjunto de reformas, algunas drásticas e inmediatas.

Estas reformas colocan el acento por necesidad, no en los sectores más débiles, rezagados y de menor competitividad, sino en aquellos de más alta productividad, capaces de desatar sin demora su enorme potencial.

Estos sectores son ante todo el agroalimentario y la industria manufacturera exportadora, tanto nacional como de capital extranjero, que ya es responsable de más de 30% de las ventas externas de la Argentina.

Luego, y en el mismo movimiento, es preciso convertir a la explotación de shale gas de Vaca Muerta, Neuquén, en uno de los más grandes boom de inversión transnacional del mundo contemporáneo, equiparable al que experimentan los estados de la cuenca gasífera de shale gas/ shale oil de EE.UU., o al que se apresta a ocurrir en México, tras la desregulación petrolera resuelta este año.

Lo político y lo económico son realidades vinculadas internamente por un criterio de mutua necesidad. De ahí que la distinción entre uno y otro es puramente analítica, no práctica, y es inexistente en el terreno de los hechos, de la experiencia histórica y de la acción política.

Por eso, la política, entendida en un sentido estratégico, es cuestión de prioridades, no de ideologías, y tras distinguir entre lo esencial y lo accesorio hay que apostar todo a lo fundamental, descartando lo secundario.

Hoy lo esencial en la Argentina, en un contexto mundial excepcionalmente favorable, es incentivar sus fortalezas, tanto en el agro como en la industria –o mejor, en la unión indisoluble de ambos-, para conseguir recursos con los cuales reconvertir la totalidad de la estructura productiva, enfrentar y resolver el problema social, lo que significa eliminar la pobreza, y desatar una nueva revolución educativa, de abajo hacia arriba, que fue el instrumento –Sarmiento mediante- que hizo excepcional a la Argentina, y que hoy es sinónimo de justicia social en las condiciones del siglo XXI.

El optimismo es una categoría extremadamente pobre para abarcar las posibilidades de la Argentina, en las condiciones de un mundo en el que ha surgido una sociedad global y en la que el sistema capitalista ha completado su proceso de integración.

De ahí que este libro, más que un acto de optimismo, es una manifestación explícita de confianza en la Argentina, en su destino excepcional.

www.ingramcontent.com/pod-product-compliance
Lightning Source LLC
Chambersburg PA
CBHW051215200326

41519CB00025B/7122